目からウロコの
文化人類学入門

人間探検ガイドブック

斗鬼正一 著

ミネルヴァ書房

はじめに

名前は誤解のもと
　私は優しい教師だ。神様，仏様，お釈迦様，キリスト様全部合わせたくらい，優しい，優しい教師だ。ところがこんな優しい教師の講義を，恐がって受講しない学生がいる。それは名前。斗鬼正一。「とき　まさかず」と読むが，誰も正しく読んでくれない。読んでくれないだけならともかく，恐がられてしまう。なにしろ鬼，しかも斗争する鬼，我ながらすごい名前だ。恐がるのも無理もない。でも会ったこともないのに名前だけで判断して，こんな優しい教師の講義を受けない学生は，本当に損している。

人間探検の学問・文化人類学
　その私が講義するのが文化人類学。人間探検の学問だ。世界中に出かけ，諸民族の中に飛び込み，生活にじかにふれてその文化を探求する。さらには私たち自身の生活をも振り返り，自らの文化を探求する。
　見方，考え方もユニークだ。なぜウンチは汚いのか，なぜ美人はきれいなのか，なぜ朝食にすき焼きを食べるとおかしいのか，といった身近すぎて，当たり前と思い込み，考えてもみない不思議に敢えて挑戦する。すると当たり前がきちんと学問的に種明かしされ，目からウロコが落ちる。「ああ，そうだったのだ」と私たちを取り巻く世界が，その仕組みが，はっきりとした形で，見えてくる。そして当たり前と思い込み，何も考えずに生活している私たち自身を，改めて客観視することができる。こうして人間というものを探求するのが，人間探検の学問・文化人類学なのだ。何といっても，人間にとって最大の関心，最大の謎は人間だから，こんなおもしろく，役に立つ学問はない。

みんなをだまして人間探検の世界へ

　ところが私の名前と同じで，文化人類学も，難しそう，硬そうと，ふれてみようとも思わない人が多い。名前は誤解の始まりで，実際は硬いどころではない，こんなにおもしろい学問があるだろうか，というくらいおもしろい。なのに名前だけで判断した人は，振り返ってもくれない。それではみんなが損をする。なにしろ文化人類学は，ものすごく楽しいだけでなく，ものすごく役に立つ学問だからだ。大学生はもちろん，みんなにふれてほしい。

　それでも人は名前，外見で中身を判断するもの。それはしかたがない。ならば身近で，何でもありで，取っつきやすい外見でだまして，みんなを楽しい人間探検の学問・文化人類学の世界へ引き込んでしまう他はない。それがこの本のねらいなのだ。

著　　者

目からウロコの文化人類学入門
——人間探検ガイドブック——

目　次

はじめに

第1章　人間探検の学・文化人類学 …………………… 1
 1　文化人類学への大誤解 …………………………… 1
 2　文化人類学のプロフィール …………………… 2
 3　文化人類学は何の役に立つのか ……………… 4

第2章　文化という大発明 ……………………………… 11
 1　文化とは何か …………………………………… 11
 2　文化という大発明 ……………………………… 13

第3章　文化の作られ方 ………………………………… 18
 1　文化は構造を持つ ……………………………… 18
 2　文化の組み立て方 ……………………………… 19
 3　文化の教育機能 ………………………………… 23

第4章　環境と文化の関係 ……………………………… 25
 1　文化は環境が決める …………………………… 25
 2　気候の評価と文化 ……………………………… 27
 3　天体運行の評価と時の文化 …………………… 30
 4　空間の評価と地図 ……………………………… 33
 5　文化も環境 ……………………………………… 36

第5章　人の行動と文化 ………………………………… 38
 1　人の分類と人の行動 …………………………… 38
 2　動物の分類と人の行動 ………………………… 39
 3　空間の分類と人の行動 ………………………… 44
 4　人の行動を決めるもの ………………………… 50

目　次

第 6 章　人は色をどう見ているのか……………………52
　　1　色の見え方は文化が決める………………………52
　　2　色を学ぶ……………………………………………56
　　3　文化というフィルターと自己認識………………58

第 7 章　人は音をどう聞いているのか…………………59
　　1　音の聞こえ方は文化が決める……………………59
　　2　言語と聴覚…………………………………………62
　　3　文化と音環境………………………………………63

第 8 章　食，味覚と文化……………………………………65
　　1　食べるものと食べないもの………………………65
　　2　食のタブー…………………………………………67
　　3　味覚と文化…………………………………………69

第 9 章　なぜ美しい風景は美しいのか…………………71
　　1　見る目と風景の見え方……………………………71
　　2　美しい風景の見え方………………………………72
　　3　なぜ美しい風景は美しい風景になったのか……73
　　4　自己認識と美しい風景……………………………79

第 10 章　なぜ美人は美人なのか…………………………82
　　1　美人は男の本能が決めるのか……………………82
　　2　美人は文化が決める………………………………84
　　3　民族のアイデンティティと美人像………………85
　　4　権力による美人像…………………………………87
　　5　経済と美人像………………………………………91
　　6　メディアが美人像を作る…………………………93

7　ミス・ワールドコンテストはなぜ問題なのか……………97
　　　8　美人論と生き方……………………………………………98

第11章　不潔，清潔とは何か……………………………………101
　　　1　汚いとは何か……………………………………………101
　　　2　身体の境界を曖昧にするもの…………………………102
　　　3　自然のままの身体，住まい，街は汚い………………104
　　　4　清潔観とアイデンティティ……………………………106
　　　5　国際化と清潔観…………………………………………109

第12章　正常，異常とは何か……………………………………112
　　　1　統合失調症と文化………………………………………112
　　　2　インセスト・タブーと文化……………………………115

第13章　国際化と民族のアイデンティティ……………………119
　　　1　国際化は大変なことなのだ……………………………119
　　　2　異文化の出会いと民族対立……………………………123
　　　3　文化変容の諸相…………………………………………124
　　　4　文化変容を強いられた人々……………………………127
　　　5　日本の文化侵略への抵抗………………………………129

第14章　共生の時代を上手に生きる……………………………133
　　　1　共生を前向きに…………………………………………133
　　　2　自民族中心主義が摩擦を生む…………………………134
　　　3　文化相対主義こそ共生の道……………………………136
　　　4　国際化をプラスに転じよう……………………………138
　　　5　民族アイデンティティは不可欠か……………………141

第15章　国際化の中で日本文化を考える……………………143
   1 日本文化はそんなに特殊か……………………143
   2 日本は本当に島国か……………………144
   3 グローバルスタンダードと日本スタンダード……………………146

第16章　フィールドワークという人間探検……………………149
   1 文化人類学は体験型学問……………………149
   2 なぜフィールドワークなのか……………………150
   3 なぜ長期調査なのか……………………154
   4 「未開」社会の調査……………………155
   5 自らの文化の調査……………………157
   6 都市の調査……………………158
   7 数字にする調査，しない調査……………………159
   8 フィールドワークは非科学的か……………………161
   9 フィールドワーカーの条件……………………164
   10 教育としてのフィールドワーク……………………165
   11 フィールドワークのロマン……………………167

第17章　フィールドワークのテクニック……………………169
   1 フィールドを選ぶ……………………169
   2 出かける前に……………………170
   3 フィールドの実際……………………171
   4 インタビューのテクニック……………………174
   5 記録魔，収集魔になる……………………177
   6 フィールドワークは人と人の関係から……………………180

第1章　人間探検の学・文化人類学

1　文化人類学への大誤解

硬い，難しい，古くさい研究なのか

　「文化人類学」。見るからに硬そう，難しそう，古くさそうに見える名前だ。カビ臭い資料室で，標本と書物の山に埋もれ，深遠難解な研究に没頭する学者を想像する人も多いだろう。

　ところが実際の姿はまったくの正反対。現代社会の，身の回りにある，身近なテーマを，実際に人々と生活を共にすることによって探る。実に取っつきやすく，現代的だ。そして世界諸民族の生の生活の研究を通して，人間って何かを探検していく学問なのだ。

北京原人やチンパンジーの研究なのか

　中身もしばしば誤解される。多いのが北京原人，ネアンデルタール人などの研究という誤解。ここでも人類学という名前が原因らしいが，文化人類学は今現在生きている人々の研究で，大昔の人類の祖先の研究ではない。似たような誤解に，遺跡で土器の発掘をしているのだろう，というのがある。これは考古学で，やはり歴史の研究だ。

　チンパンジーやゴリラの研究だろうという誤解もあるが，チンパンジー，ゴリラは類人猿であって人類ではない。人類の研究だから人類学なのだ。

　もう少し厄介なのが，人の骨格や皮膚など，身体の研究という誤解。たしかに人類の研究だが，これは同じ人類学でも，自然人類学，あるいは形質人類学，

と呼ばれる分野で，多くは医学者が研究する理科系の学問だ。

未開民族の研究なのか

　マスコミでおなじみなのが，奥地の未開民族の奇妙な習慣を調べる学問，という理解だが，これは誤解とばかりもいえない。なぜなら，元々文化人類学はいわゆる未開民族の研究から始まったからだ。今でもそうした研究を続けている文化人類学者はたくさんいる。しかし，その後研究対象は世界中の諸民族，つまり，農耕民，漁民，狩猟民から，大都市に生活する人々まで，どんどん広がっている。だから今や奥地の未開民族の研究というのは，文化人類学の研究の一部分にすぎないといってよいだろう。

2　文化人類学のプロフィール

文化を通して人間を考える学問

　文化人類学は，文化，すなわち人々が作り出したものを調べ，その背後にある論理，価値観を探求し，社会，文化，そして人々の理解をめざす。さらに諸文化，民族を比較し，人間とはなにかの考察をめざす。その名の通り，**文化の研究を通して，人間について考える学問**というわけである。

武器はフィールドワーク

　文化人類学の最大の特徴は，フィールドワーク。これは16，17章で述べるように，単に現地に行ってみるというのではなく，現地の人々の家に泊めてもらい，同じものを食べ，生活を共にする中で進める調査のこと。なにしろ人間を学問するのだから，単なる机上の研究では済まさない。それゆえ文化人類学者は，熱帯のジャングルから，極北の氷雪の世界，そしてコンクリートジャングルの大都市まで，世界中に飛び出して行くのである。

第1章　人間探検の学・文化人類学

▶ベトナムでフィールドワークを行う著者

なんでもありの幅広さ

　何しろ相手は人間，多種多様，複雑怪奇，ありとあらゆる側面を持つ。それゆえ文化人類学も必然的に何でもあり，ということになる。

　文化人類学者とされる人々の研究分野もまさに多種多様で，サッカーのフーリガン研究や，カラオケ日本文化論で博士号を取った人もいれば，アメリカの女性文化人類学者トニー・モリソンは，何とノーベル文学賞を受賞している。

　書名に人類学とつく本も多種多様。食と栄養の文化人類学，住まいの人類学，暮らしの中の文化人類学，若者文化人類学，子供の文化人類学，人間の一生——文化人類学的探求，女の文化人類学，性の人類学，出産の人類学，子育ての人類学，病と治療の人類学，医療人類学，エイズの文化人類学，命の文化人類学，生と死の人類学，宗教人類学，神の人類学，人類学的宇宙観，情報人類学，コンピュータ人類学，映像人類学，社会人類学，経済人類学，消費人類学，政治人類学，法人類学，心理人類学，精神人類学，認識人類学，身体表現の人類学，演劇人類学，文学人類学，文明の文化人類学，同時代の文化人類学，くじらの文化人類学，草木虫魚の人類学，遊びの文化人類学，スポーツ人類学，相撲の文化人類学，競馬人類学，観光人類学，観光とリゾート開発の人類学，南太平洋の文化人類学，東京の空間人類学，やくざの文化人類学，寄せ場の文化人類学，さまよえるジプシーの人類学，といった具合である。

　私の指導する文化人類学ゼミの卒業論文テーマもあげてみると，東京ディズニーランド，銀座の看板，お台場，東京駅，新宿歌舞伎町，浅草，歓楽街，は

とバス，東京みやげ，劇場，待ち合わせ場所，公園，商店街，ダ・サイたま，自殺の名所，喫茶店，プロレス，落書き，フリーマーケット，コンビニ，百貨店，デパ地下，在日ブラジル人，祭りなど，ここでも文字通り何でもありの，研究テーマの百貨店だ。

身近なテーマ

　文化人類学の研究対象は普通の人々の生活にかかわること。身近な身の回りのことがそのまま研究対象になる。この本で取り上げた身近な不思議を見てほしい。猫の声はなぜニャーと聞こえるのか，美人はなぜ美人なのか，ゲテモノはなぜ気持ち悪いのか，ゴミやウンチはなぜ汚いのか，などということを考えたことがあるだろうか。あまりにも身近で，当たり前すぎて，考えてもみないことに挑戦するのが文化人類学だ。こんなに親しみやすい学問はないだろう。

「小さな大発見」で知的エンターテイメント

　文化人類学の対象は全世界だ。世界中の人々と出会い，諸民族の多種多様な生活に直接ふれ，あるいはいながらにして見聞する。驚きと発見に満ちた心躍る知的世界旅だ。

　さらに文化人類学は，身近すぎ，当たり前すぎて考えもしなかった不思議を考えていく。すると「小さな大発見」に出会う。いわれてみれば不思議な疑問が，ああそうだったのかと，目からウロコが落ちるように解き明かされる。そして私たちの文化や社会の仕組み，人間というもの，人間のおもしろさが見えてくる。まさに文化人類学は頭脳道楽，知的エンターテイメントの世界なのだ。

3 文化人類学は何の役に立つのか

異文化に学ぶ

　異文化から学べることは多い。日本では結婚後の改姓が女性たちを困らせるが，夫婦別姓は家族の絆を壊すからと反対も多い。しかし朝鮮半島，中国では

昔から夫婦別姓を実験済みで、しかも家族の絆は日本よりよほど強い。

　子育ての問題にしても、ポリネシアの multiple parenting など、たいへん優れたやり方だ。子どもは親だけが育てるのではなく、みんなで育てるから、働く母親も困らないし、実の子の他にも子どもはたくさんいるので、日本や中国のように数少ない子どもに親の過剰な期待が集中し、問題を生じるなどということもない。子どもからすれば、実の親が駄目な親でも、親のような人がたくさんいるのだから困らない、という仕組みなのだ。

　日常生活のちょっとしたことでも同様で、雨が降ったら洗濯物を取り込むのが当たり前、というのが日本文化だが、ニュージーランド人は、晴れればまた乾くからと放っておく。確かに、雨水がそんなに汚いはずがない。もっと大ざっぱに、家事を合理化することも可能だし、そうするのが当たり前、という思い込みから解放されれば、社会も風通しが良くなり、もっと気楽に生活できる。

国際化時代にサバイバル

　否応なく国際化は進んでいく。身の回りにも外国人が増え、自分も外国で働くことになるかも知れない。そうしたときに、まずは世界中のいろいろな人々、文化を知っていること自体役に立つ。しかしさらにトクなのは、第14章に取り上げた異文化コミュニケーションに関する文化人類学の考え方を知ることだ。

　香港の葬式は賑やかだ。歌舞音曲自粛の日本とは正反対に、音楽を演奏し、普段着で派手な宝石を身につけた人々が、賑やかにおしゃべりしている。飾り付けも、まるでパチンコ店の新装開店のように賑やかだ。福とか寿などという文字も見える。おまけに香典を持ってきた人は、香典袋に入れず裸のまま渡している。こうした光景を見たら、日本人なら誰でも驚く。まさにカルチャーショックだ。

　誰が死んでも悲しみに沈んだ葬式をするべきだ、というのは日本の文化だが、香港では、人はいずれ死ぬ、ならば長生きし、良い人生を過ごした老人の葬式は賑やかに祝ってあげたい、というのが彼らの文化なのだ。

　ここで日本文化を尺度にして、「人が死んだのにけしからん」と怒ったり、

「だから中国人は駄目なんだ」，などといい出すようでは香港人とうまくやっていくことはできない。日本文化を尺度に異文化を評価せず，香港には香港の，日本には日本の文化があって，違うのだからしかたがないという，文化人類学の異文化を見る目，つまり相対的見方を知った人が，国際化時代にサバイバルできる。

ユニーク発想で激動の時代にサバイバル
　戦後の日本は経済成長という目標が明確で，そのためには決められた通りに，きちんと，効率よく仕事を進めることが重要だった。そういう時代には，考えることは二の次で，教科書に書いてある通りに，早く，正確に暗記するのが得意な偏差値秀才，マニュアル人間が求められた。

　しかし時代は変わり，冷戦後の世界も，高度成長後の日本も，企業も，新しい進路を求めていかなければならない。そうした時代に必要とされるのは，誰も気づいていなかった問題を見いだし，解決策を探っていく力だ。これまでなかった新しい目標，進路，価値観を見つけ出す力，発見力，独創力，発想力だ。日常，身の回りの小さな発見を重視し，小さな常識にとらわれず，ありふれた，みんなが当たり前と目も向けないことを，当たり前ですまさずにあえて相対化し，テーマとして考察する，という文化人類学の見方，考え方を知ることはきわめて有益なのだ。

日本，日本人を知る
　日本人，日本文化に対する認識と客観視は，国際化の時代には必須。国際化といっても，まずは自文化というベースができていなければ，ただの根無し草にすぎないし，その日本とは，日本人とは，日本文化とはどんなものなのかを客観的に見ることができて初めて，世界の中の日本を考え，これからの進んで行くべき方向性を考えられる。

　ところが，日本文化や，自分が日本人であることは，当たり前すぎてなかなか意識に上らない。文化人類学は，その身近，当たり前をあえて考える。さら

に世界の諸民族，文化を探求し，比較することによって，日本人，日本文化が見えてくる。雨が降っても傘をささないニュージーランド人を見て，なぜ私たち日本人は傘をさすのだろうと，初めて考える。そうしておのが姿を認識するのである。

生き方，生活を考える

　自分の生き方，生活を考えるには，できるだけ多くの例を知ることが必要。というのは，存在自体を知らないものに憧れるわけはないからだ。世界には実に多様な文化がある。つまり多様な生き方，生活がある。自分には，想像もつかないようなものもあるかも知れないが，その中に求めていたものがあるかもしれない。狭い知識，世界の中で，自分の生き方を選ぶのは損。できるだけ多くを知った上で，多様な選択肢の中から自分の心に一番響くものを選んだ方がトクだろう。文化人類学者自身，フィールドワークで出会う異なる世界に生きる人々，世代の異なる人々から学ぶことは多い。

自分を知る

　自分の生き方を考えるには，その前に自己認識が重要だ。そして自分とはいったい何者なのかを認識するためには，自分を客観視しなければならない。自分の耳にはセミの音がミーンミンミンと聞こえ，刺身を見れば唾液が出るのに，蛇は気味が悪く感じ，男がスカートをはくとおかしいと思うのも，みな文化の力だ。そうした，いわば文化のフィルターをかけられてしまっている自分を客観視することによって，初めて自分が見える。そして自分の世界の狭さ，自分の持つ偏見の馬鹿馬鹿しさにも気づく。そうして初めて，広い視野で，自分の生き方を考えることができる大きな人間になれる。

人生を気楽に生きる

　自分の考え，生き方などが周囲の常識，日本の常識と合致しないと辛い。合わせるのも苦痛，合わせなくても苦痛。そして悩み，自分は駄目なのだと考え

てしまう。しかし文化人類学を学ぶと、常識や当たり前などというものは、文化によって異なることも多いから、所詮その程度のものでしかない、と思うことができるようになる。日本の社会で生きていく以上、日本の常識に合わせなければならないにしても、それが唯一絶対だと思っていたら辛いが、本当はいろいろあって、ここではたまたまそうなのだから合わせておけばよい、と考えられたらこれは楽だ。

　男らしさ、女らしさも文化によって異なる。講義でこれを聞いたある女子学生は、自分は女の子らしくないとつねにいわれ続けてきて、とても苦痛だったが、この話を聞いて、たまたま現代の日本ではそうなっているだけだとわかり、とても気が楽になったと語ってくれた。人間の多様性を教えてくれる文化人類学は、人生を気楽に生きることを可能にするのだ。

　さらには、価値観などというものは、激動の時代には簡単に意味を失う。世界はいろいろで、日本の当たり前、みんなの当たり前はたくさんある当たり前のうちの一つにすぎない、という発想も、激動の時代を楽に生きることを可能にさせるだろう。こうでなければいけないという思い込みは、小さな世界に閉じ込もらせ、ストレスを増やすだけなのだ。

生活を楽しむ，おもしろ学問人生

　生活を楽しむコツは、身の回りに日々新たな喜びを見つけることだ。文化人類学なら電車の中でも、街を歩いていても、いくらでも材料は転がっている。そうして見つけた問題を、どんな見方、考え方で考察していけば、人間というものの本質が見えてくるかも教えてくれる。身近な不思議を考える、小さな大発見をする。そしてさらなる知的関心が広がる。そんな楽しさを知って、生活を楽しもう。学問は人生最大のエンターテイメントなのだ。

　学校を出た後も、知的好奇心を持ち、何らかの学問を人生の伴侶とした人は生活を楽しめる。仕事だけでは幅がない。学生時代に人生最大の道楽を知って、おもしろ学問人生の準備をしておこう。

第 1 章　人間探検の学・文化人類学

学問の世界への食前酒

　学問は人生を楽しくする。おまけに知的美人になれる，などといくら聞かされても，ようやく大学に入った，ようやく卒業したのだから，勉強なんてもうたくさん，学問なんて言葉は聞いただけでゾッとする，という人も多い。しかしそう感じてしまう人たちは，不幸にして本物の勉強に出会ってこなかった人たちだ。「本物の勉強＝学問」は「いわゆる勉強＝学習」とは違って楽しい。高校まで強いられてきた勉強というのは，大まかにいえば，教科書に書いてあることは正しく，教師がそれにもとづいて教えることもまた正しいと決まっていて，それをひたすら暗記して，試験で正確に思い出すこと，といっていいだろう。これは「学問」ではなく，単なる「学習」なのだ。

　もちろん理屈抜きに覚えなければならない知識も多いし，知識がなければ考えることもできないから，それが不要とはいえないが，学問とは，不思議，疑問，問題点を見つけ出し，調べ，何が正しいかを自ら考えていくこと。決められた答えを，決められた通りに覚え，試験で思い出す，などというものではない。まさに創造的な，真理を求めた，未知の世界への知的探検。だから学問は楽しい。

　けれども，また例によって，学問などと聞いただけで初めから引けてしまう人も多い。そこで学問の世界への食前酒，文化人類学の出番なのだ。世界一周ウルルン旅気分で口当たりが良く，テーマは身近で多種多様だから，誰でも興味が持てる。おまけに，身近な不思議が目からウロコが落ちるごとく種明かしされるのだから，学問っておもしろそうだ，と感じてもらえる。文化人類学こそ，一歩引いてしまい，すばらしい学問の世界に近づこうとしない人たちを誘い込むのに最適の食前酒，というわけなのである。

＊情報源＊
石川栄吉他編，1994，『文化人類学事典』弘文堂
伊藤幹治・米山俊直編，1988，『文化人類学へのアプローチ』ミネルヴァ書房
鴻農映二監修，1997，『よくわかる文化人類学　不思議な動物の素敵な習慣』同文書

院
祖父江孝男，1991,『文化人類学入門』増補改訂版，中央公論社
波平恵美子編，1993,『文化人類学』医学書院
浜本満・浜本まり子編，1994,『人類学のコモンセンス——文化人類学入門』学術図
　書出版社
フィリップ・K・ボック，1977,『現代文化人類学入門』1-4，江淵一公訳，講談社
米山俊直・谷泰編，1991,『文化人類学を学ぶ人のために』世界思想社

国立民族学博物館
　大阪府吹田市千里万博公園10-1
　http://www.minpaku.ac.jp/
国立歴史民俗博物館
　千葉県佐倉市城内町117
　http://www.rekihaku.ac.jp/
日本文化人類学会
　http://www.jasca.org/
野外民族博物館リトルワールド
　愛知県犬山市今井成沢90-48
　http://www.littleworld.jp/

第2章　文化という大発明

1　文化とは何か

文化勲章とアフリカ文化

　文化という語はややこしい。多くの人が違いを意識しないまま2つの意味で使っているからだ。文化と付く言葉をあげてみても，文化の日，文化勲章，文化人，文化祭，文化都市，文化国家，文化会館，文化住宅，文化鍋，文化包丁，文化ちりとり，そしてカルチャーセンターといった語と同時に，縄文文化，アフリカ文化，若者文化などという語も思い浮かぶだろう。

　前者は実は，教養，芸術，学問といった知的なもの，進歩した便利なもの，高級なもの，欧米風などという意味で使われている。戦前には，和洋折衷のモダンな住宅が文化住宅と名づけられたし，戦後の関西では，それまでの長屋と異なり，各戸に風呂が付いた，広めの木造2階建アパートが文化住宅と呼ばれ，現在でも使われている。文化包丁とは，旧来の包丁とは異なり，頻繁に研ぐ必要のない包丁だし，文化鍋は高い縁が付いていて，それまでの鍋のように吹きこぼれない新発明である。文化ちりとりは，長い柄がついていて，かがまなくても使え，置くと蓋が開き，持ち上げると蓋が閉じるというすぐれものだ。小骨も取り除かれ，味付けもされていて，あとは焼くだけ，という鯖の文化干しなどというものもあるし，1粒で300m走るのに必要なカロリーが摂れるグリコは，かつて「文化栄養菓子」と呼ばれていた。

　他方の縄文文化となると，縄文式土器も，石器の作り方も，狩りのしかたも，縄文文化。日本文化なら，歌舞伎，懐石料理からパチンコ，カラオケ，カップ

ヌードルまでみな日本文化。若者文化となれば，茶髪も，ジベタリアンも，スノボーもみな含まれ，知的か高級かなどとは関係ない。すなわち，人々が作り出したものが文化ということで，前者は，後者の中の一部，という関係にあることがわかる。

文化人類学と文化

　文化人類学は人というものの研究をめざすから，研究対象は当然，後者，広い方の文化である。つまり高級であろうがなかろうが，人が作り出したものすべて，ということになるが，もう少し厳密な定義となると，文化人類学者の数だけあるといってもよい。そこで本書では，文化を「人が生きることを阻害するものに対する対抗手段として作り出したすべてのもの」と定義することにする。要するに国家，宗教からおじぎ，カラオケまで，人が作ったものが文化なのだが，生物としての人が作り出すもの，すなわち爪，髪の毛など身体そのもの，そして身体からの排泄物などは自然であり，文化ではない。つまり，爪，髪の毛，髭それ自体は文化ではないが，爪を切ること，マニキュア，整髪，髪型，髭を剃ることなどは文化である。私の頭に生えているのが本物の髪の毛ならば自然であり，文化ではないが，もしカツラをかぶっているとすれば文化，ということになる。

▶文化ちりとり

▶「文化」という名のパチンコ店
（岐阜県飛騨市）

2 文化という大発明

自然への対抗手段

　人は大変に弱い動物である。皮膚は毛皮にも，ウロコにも覆われておらず，強い爪も牙もなければ，毒も持たない。暑さにも寒さにも水にも弱い。それゆえ自然，すなわち他の動植物，気候，天候といった脅威に対して，すぐに傷つき，病気になり，死んでしまう。そうした人が唯一他の動物よりも有利だったのは知能であり，その知能によって，脅威に対抗し，生存を維持する手段として作り上げたのが，文化である。

　たとえば衣服は，傷，暑さ・寒さ，日照，風雨などから身体を守り，異性をひきつけることによる生殖の確保などという働きもする。食物の確保のためには，動物の捕獲，飼育，植物の採集，栽培，貯蔵，調理といった食にかかわる文化が作り出された。また武器，医療，薬剤などは，猛獣，害虫，病といった人の生命を脅かすものへの対抗手段であり，冷暖房，天気予報が天候への，照明は暗闇への，鉄道，車，電話，テレビも目的地や目的物を隔てる距離への対抗手段として作られているのである。

法律，戦争，スポーツという文化

　人の生存にとって最大の脅威は，実は他の人である。人は闘争本能を持つから，暴力を抑制しないと互いの生存を脅かしてしまう。それゆえ人は国家，法律，警察，司法制度といった文化を作った。また闘争のしかたにも文化を作り出し，軍隊を組織し，宣戦布告があり，指揮命令によって殺戮が行われる。捕虜の扱いの条約があり，休戦協定があり，白旗による降伏がある。スポーツもまた，本当に傷つけ合い，殺し合わないように，ルールという枠内で疑似的闘争を行わせて発散させる。闘争本能を統制しようとする文化の仕掛けなのである。

挨拶は安全対策

　世界どの民族にも挨拶の文化がある。おじぎしたり，握手したり，なかにはニュージーランドの先住民マオリ人のように鼻をこすり合わせる，などというのもあるが，とにかく挨拶はある。ではなぜ人は挨拶をするのだろうか。子どもは大人にそのようにしつけられたから，嫌々挨拶をする。大人でも，挨拶をするのはあまりに当たり前で，あらためて何のためなどと考えないが，実は挨拶も人と人の関係を良好に保ち，安全を確保するために作られた文化なのである。

　友達になるにも，ゴマをするにも，ケンカした相手と仲直りするにも，まずは挨拶。挨拶を続ければ，やがて心を開いてくれる。もし挨拶というものがなければ，いつまでも危険な敵対関係が続きかねない。夜の山道で互いに恐怖心を持ったまますれ違ったら，ちょっとしたきっかけで，攻撃行動を招くことにもなりかねないが，一言挨拶を交わすだけで，互いに敵意のないことが確認され，安全にすれ違うことができる。だから登山者どうしは挨拶する。異民族どうしの出会いはさらに危険で，敵意のないことがうまく伝わらなかったために疑心暗鬼となり，殺し合いになってしまった，探検家キャプテン・クックとマオリ人のような例もある。こんな場合も，たとえ挨拶のしかたが異なっても，挨拶の意図さえ通じれば，敵意，警戒感が一気に解消する。挨拶というものがなかったらどのくらい危険であるかを考えれば，まさに挨拶は安全を確保する手段として作られたことがわかるだろう。

結婚による闘争回避

　人は他の動物同様に，生殖を必要とし，そのために性欲という本能を持つ。ところが人は結婚などという，他の動物にはない文化を作り出した。生殖のためには異性を確保しなければならないが，これを本能のままに任せてしまうと，異性の奪い合いとなり，傷つけ合い，殺し合いで，結局は種の保存という面からはかえってマイナスになる。それゆえ作り出されたのが結婚である。一定の手続きを踏めば，性的権利を確保，維持し続けることが社会的に承認され，社

会の成員はそれを尊重しなければならないこととなる。闘争を回避し，安定的に子孫を残すことを可能にするために作られたのが結婚という文化なのである。

死への対抗手段——化粧

人の生存を阻害する最大のものは，ケガ，病気，寿命などとそれによる死である。それに対抗するために作り出されたのが，健康法や医療だが，実は化粧も同様なのだ。人が化粧という文化を作り出した理由はいろいろ考えられる。かつて日本では既婚女性がお歯黒をしたように，未婚，既婚で異なった化粧をするという場合は，その人の社会的地位明示が目的となる。また，戦士が派手な模様を描いたりするのは，戦意を高め，敵を威嚇するためだったりする。唇など，身体の穴の周囲を赤く塗るという化粧をする民族は多いが，これは赤という威嚇する色で，身体に邪悪なものが侵入するのを防ごうとするからである。

しかし多くの女性に化粧をする理由を尋ねれば，きれいになるため，という当然の答が返ってくる。きれいになることこそ，化粧の最大の理由なのだが，では，きれいになるとは何だろうか。具体的な化粧の内容を考えればわかるように，しわ，しみ，白髪などがないこと，肌に潤いがあることなどで，要するに若い女性の状態を保つ，あるいは戻ることこそきれいなのである。つまり化粧とは老化への対抗だが，老化の先には，人が生きることの最大の阻害要因である死が待っている。すなわち，化粧とは，死への対抗手段，と考えることができる。

「鬼も18，番茶も出花」といわれるように，若い女性はそれだけできれいだ。しかし幼児を考えればわかるように，若いほどきれいというわけではない。若い女性とは，生殖能力が最も高く，新しい生命に最も近い，逆にいえば死から一番遠い人たちなのである。若いといっても生殖能力がなく，まだ生命が安定しない子どもはきれいではない。若い女性がきれいなのは，死という自然の脅威，人にとっての最大のケガレから最も隔たっており，死を恐れる人という動物に最も快を感じさせるからなのである。

文化こそ長寿の秘訣

　動物は本来，種によって生存に適した環境の中でしか生きられない。ところが対抗手段を手に入れた人は，北極圏から熱砂の砂漠まで，地球上のあらゆる所で生活できるようになった。また他の動物と異なり，気候，植生など，自然の急な変動にも絶滅することはない。こうして人はもっとも長生きする動物になった。

　人以外の動物は，環境の変動に対して，長い世代をかけて身体的特徴を変えていくほかないから，急な変動には対応できない。ところが動物も，人の文化というシェルターの中に入れば，対抗手段を持ったことになり，安全が保証され，長生きすることになる。

　たとえばメダカは，池や川では寿命は1年，ところが嵐も外敵も餌の心配もない実験室で飼えば，5年も生きるという。実際飼育動物の長寿記録には，ハツカネズミ3年，クマネズミ4年，兎13年，山羊18年，虎25年，キリン28年，犬，猫，ライオン30年，カバ，サイ50年，馬60年，象80年といった，野生では考えられない数字が並ぶ。

　植物の場合も同様で，トマトは普通その年には枯れてしまう。ところが，砂利の中に植えて養分たっぷりの培養液を循環させ，温度，湿度などが管理された実験室で栽培すれば，筑波科学万博で展示されたトマトの木のように，何万個もの実を付け，何年も生きる大木になる。

　＊情報源＊
　ブランチャード・チェスカ，1988，『スポーツ人類学入門』寒川恒夫訳，大修館書店

　全国ハイポニカ技術研究会
　　http://www.kyowajpn.co.jp/index.html

第2章 文化という大発明

トマトは野菜か果物か

　トマトは野菜か，それとも果物か，世界各地で尋ねてみると，民族によって異なることがわかる。日本の場合はもっとおもしろく，講義で聞いてみると，6：4から7：3位の割合で，野菜派の方が多いが，果物派も結構いる。スイカとなると，割合は逆転するが，やはり野菜派と果物派に分かれてしまう。理由を聞かれると，木に成るのが果物，草に成るのが野菜だから，トマトは野菜，などと答える人もいるが，ではイチゴは，と聞かれると困ってしまう。

　日本の場合，果物とは，狭義では木本性植物の果実で食用となるものをさすが，広義では草本性植物のバナナ，パイナップル，園芸上は蔬菜として扱われるメロン，スイカ，イチゴなども含まれ，曖昧である。実は植物学では，野菜と果物などという分類はなく，何が野菜か果物かは，各文化が独自に決めている。それゆえ民族によって異なるし，日本でも地方によって，それどころか家族によって違う，などということになる。おやつとして砂糖をかけたトマトを食べる人，民族にとっては果物だし，食事で調理したものしか食べないとなると野菜，といった具合になる。特にトマトの場合，日本では本格的に普及したのは戦後のことで，日本文化ではまだどちらと決まっていないといって良いだろう。

第3章　文化の作られ方

1 文化は構造を持つ

文化と車の共通性

　構造という言葉は，日常よく使う割には，必ずしも意味がはっきりとしていない。そこで車である。車もまさに構造を持っている。車は数千の部品からできており，走る，運ぶという機能を果たす機械である。ただし，その部品は，でたらめに組み立てても車にはならない。どの部品にどの部品をどう取り付けるかが決定されており，その通りに組み立ててはじめて車という機械ができあがる。部品と部品が定められた通りに相互に結びついて全体で車となり，一つ一つの部品の機能の総和以上の，走るという機能を果たす機械になる。このように，部分部分がバラバラではなく，相互に結びついて全体で機能を果たすのが構造である。

文化の構造

　文化も同様で，それぞれの要素が結びついて，全体で一つの文化ができあがっている。文化には構造があるのだ。風が吹けば桶屋が儲かるという。一見関係なさそうなことが，相互にかかわりあっているという例である。文化にも実に多様な要素がある。餃子と国会，一見何の関係もないように思える。ところが，餃子を売ろうと思えば，食品衛生法の規制を受ける，その食品衛生法を作ったのは国会である。といった具合で，文化の諸要素は一見関係なさそうなものがすべて相互にかかわり合って，一つの文化を作り上げているのである。

第3章 文化の作られ方

2 文化の組み立て方

文化の統合原理

　大学なら1年生から4年生までの学生がいて，教授，助教授，講師といった教員がいて，事務職員がいる。そして，教室，研究室，体育館，部室，食堂などがある。これは規模の大小はともかく，大学ならどこでも同じだ。しかし各大学には，雰囲気，学風がある。これは，単に斗鬼教授がどうだから，1年生がどうだから，といった個別の要素を取り上げてみても，説明できない。それぞれがかかわりあって，そのかかわりの全体が，雰囲気，学風を作る。

　文化の場合も同様に，諸要素を並べただけではその文化を説明，理解できない。車を組み立てるといっても，ハンドル，ブレーキ，アクセルといった個別の部品は，乗用車でも，RVでも大差はない。それをどういう方針で，何をめざして組み立てるかによって，乗用車になったり，RVになったりする。それが統合原理であり，型なのである。

ナバホも日本も終結恐怖

　アメリカの文化人類学者クライド・クラックホーンは，アメリカ・インディアンのナバホの文化は，終結恐怖の原理によって組み立てられているという。たとえばナバホには壺を作る文化があるが，完全には作り上げず，一部を未完成のままにする。同様に，篭作りも未完成のままにする。毛布には模様を描くが，描ききらずに終わる。まじない師が弟子を養成する際も，秘伝の一部は語らないままに残すという。そしてこれは，完全にしてしまうことを恐れる，終結恐怖という原理で彼らの文化が作り上げられているからだというのである。

　ところで1987（昭和62）年春，日光東照宮で新たに2本の逆柱が発見された。逆柱とは，グリ紋と呼ばれる柱の模様が上下逆になっている柱で，これまでも1本は知られていたのだが，薄暗いためそれ以外は気づかなかったという。またこの時には，X字型に描かれた天井の花の絵の中に，一つだけ十字型に描か

▶日光東照宮の逆柱（右から2本目）
（写真提供：日光東照宮）

れたものも発見されている。これも薄暗くてこれまで発見されなかった。もちろん大工が間違えたわけではなく，わざわざそうしてあるのだ。吉田兼好も『徒然草』の中で，完全なものに良いものはない，内裏を作るときも，どこか作り残す，と書いている。満つれば欠ける，というように，完全なものは後は滅びるだけ，ゆえにわざわざ未完成のままで，終わりにする。これは現在も日本文化の各所に見ることができるが，ナバホの終結恐怖ともよく似ている。

ヤップの序列化する文化

　ミクロネシア・ヤップ島の文化は，序列化の文化だ。とりわけ男女は厳しく区別され，たとえ家族，夫婦でも，一つ屋根の下で暮らすことはできないし，同じ火で調理したものすら食べられない。葬儀の式場も男女別。海は女神と男の世界で，女は海に行くことは許されないし，他方山は男神と女と死者の世界で，男は立ち入ることが許されない。五等民と呼ばれる身分制度もあり，路上でのすれ違い方まで，身分，性別によって，細かく規定されているのである。

第3章　文化の作られ方

▶縮み志向の工業製品

ヤップの文化は，人々，空間を明確に分類し序列化するという原理で，組み立てられた文化といえよう。

縮み志向の日本文化

韓国の李御寧はベストセラーとなった『「縮み」志向の日本人』の中で，日本文化が縮み志向という原理で組み立てられていると述べている。大きなものこそ強い，というアメリカ文化に対して，日本では，一寸法師のように小さいものの中に巨大な力が込められている，という考えがある。俳句は世界一短い詩だが，そこには無限の世界が読み込まれている。短歌においても，石川啄木の「東海の小島の磯の白砂にわれ泣き濡れて蟹とたはむる」に見られるように，助詞「の」を重ねることによって，広大な海を一粒の砂にまで縮めてしまう。工芸においても，うちわを発明した中国人に対し，日本人は折り畳みの扇子を発明し，大自然を絵にして折り畳み，持ち運んでしまう。

現代でも，高度経済成長初期の傑作であるトランジスターラジオをはじめ，電卓，車，ノートパソコン，携帯端末と，ハイテク日本を代表する製品は高性能，多機能を小さな箱に見事に詰め込んだものであり，こうした縮み志向の文化は，現代にも生きているのである。

ルース・ベネディクトの文化の型

アメリカの女性文化人類学者ルース・ベネディクトは，ある文化が持ってい

> **日本に来たこともないアメリカ人に日本人脱帽**
> 『菊と刀』は今日までに140万部というロングセラーとなったが，これほど注目を集めたのは，一つにはベネディクト自身が一度も日本に来たことがないにもかかわらず，当の日本人も気づいていなかった日本人，日本文化の特質を言い当てたことにある。この本は第二次世界大戦中の対日戦略，戦後の占領政策の参考とするために行われた研究にもとづくもので，戦中だから当然日本でのフィールドワークなどできない。ベネディクトはアメリカで敵国人として暮らしていた日本人，日本文学，映画などを対象に調査を行った。日本で翻訳，出版されたのは，終戦後の混乱がおさまらない1948（昭和23）年。日本人はつい3年前まで神国日本と信じ込まされていた時代だから，自らを客観的に振り返るなどということはついぞなかった。そこへ，日本に一度も来たことのない外国人に鋭い指摘を受け，衝撃を受けた，という事情があったのである。

る世界や人間関係に対する感情的態度というものによってその文化の全体像を把握，記述することができると考えた。つまり，無限にある可能性の中からの選択によってある文化は生まれるが，その選択には文化ごとにある程度一貫した方向性，ライトモチーフがあり，その結果個別文化は，統合形態による独自の個性を持ったものとしてまとめあげられているのだという。

　そうした考えにもとづいて，ベネディクトは諸民族の文化を分類，類型化した。穏和で穏やかで秩序を尊び，従順で競争や他人の上に立つことを好まず，中庸を生活原理とするアメリカ・インディアンのズニの文化はアポロ型，感情的で誇大妄想的で，興奮と恍惚に価値を置き，荒々しく闘争的で，他人に優越することを最高の美徳とする平原インディアンの文化はディオニソス型，などと名づけたのである。

日本文化は恥の文化

　日本文化に関してベネディクトは，よく知られる著書『菊と刀——日本文化の型』の中で，日本の文化を「恥の文化」として類型化した。内面的基準を持つ欧米の罪の文化とは対照的な，他者からの評価を基準として行動を律する文化だというのである。恥を退けて切腹を選ぶ武士道，捕虜になることを恥として禁じ，自決を強制した日本軍をはじめ，自己主張を避け，世間の目，海外の

目にこだわる現代の日本人を見ても，この主張はなかなかに説得力のあるものといえよう。

3 文化の教育機能

野生児アマラ，カマラ

　親に捨てられたり，動物にさらわれたりして，動物とともに生活した野生児の物語があるが，有名なのが，18世紀末フランス・アベロンのコーヌの森で発見された11，2歳の少年ビクトール，20世紀初めに，インド・ミドナポルの森で狼に育てられたおよそ8歳と2歳の少女アマラ，カマラである。野生児たちは言葉を解さず，人としての感情に欠け，行動は文字どおり野生的だった。アマラ，カマラは，直接口で食物を食べ，四肢で歩き，遠吠えした。彼らの教育，訓練はいずれも失敗し，アマラ，カマラは多少の言葉を獲得したものの，野生を脱することはできなかったという。

　人は動物であり，本来他の動物たちと同様に，本能にもとづいて行動する。空腹になれば食べ，妨げるものがいれば闘う。ところが人は朝食，昼食，料理法，テーブルマナーなど，時間はもちろん，食べるべき食物から食べ方まで決め，闘うにしても戦争，スポーツなどといったものを作り出した。そして人は，他の動物とは異なり，自ら作り出した文化という枠組みの中で，文化に統制された生活をするようになったのである。

文化は学習させられる

　人は生まれながらに文化を持っているわけではない。社会にとっては，生まれてくる子どもたちを，その社会の文化を身につけた成員として作り上げていかなければならないし，文化を上の世代から下の世代へと継承させていかなければならない。逆に個人にとっては，たまたま生まれた社会の文化は学習させられるものなのであり，そうしなければ，その社会の成員として生きていくことは難しい。

それゆえ文化は伝達，教育といった機能を持っているのであり，それがしつけ，学校などである。人の足は圧迫されればしびれる。すると当然足を投げ出したくなる。しかし足を投げ出すのは行儀が悪いとされているから，親や周囲の大人たちが叱る。空腹になれば食べたくなる，しかし食事は１日３回，年中食べているのは行儀が悪いということになっているから，我慢させられる。こうして本来の，足を投げ出す，いつでも食べるという行動がねじ曲げられ，文化に沿った行動をするようになっていく。さらに，文化のあらゆる要素を学習することはできないし，文化も変わっていくから，大人になっても，他の人々の行動，社会常識，世間の目などによって，文化が注入され続けていくことになる。

＊情報源＊

李御寧，1998，『「縮み」志向の日本人』講談社インターナショナル

クライド・クラックホーン，1971，『人間のための鏡　文化人類学入門』光延明洋訳，サイマル出版

J.A.L.シング，1977，『狼に育てられた子──アマラとカマラの養育日記』中野善達・清水知子訳，福村出版

ルース・ベネディクト，1967，『菊と刀──日本文化の型』長谷川松治訳，社会思想社

ルース・ベネディクト，1973，『文化の型』米山俊直訳，社会思想社

吉田兼好，1985，『徒然草』第82段，岩波書店

日光東照宮
　栃木県日光市山内2301
日光観光協会
　http://www.nikko-jp.org/index.shtml

第4章　環境と文化の関係

1　文化は環境が決める

環境決定論とは

　人は生きることを阻害するものに対する対抗手段として文化を作った。したがって、文化が人の生きる環境によって決定されるのは当然のこと。たとえば今日世界中で広く使われ、英語、日本語にもなっているアノラックは、トナカイやアザラシの皮製で、毛皮で裏打ちしたすぐれた防寒着だが、グリーンランドのイヌイットが作り出したもので、いうまでもなく、彼らの生活する場所が極寒の地であるがゆえの文化である。熱帯に住む民族が防寒着を作ることはありえない。逆にイヌイットは水泳という文化を持たなかったが、これも気候を考えれば当然だ。このように文化が環境によって決まるという考えを環境決定論という。

水戸藩の水術

　水泳を知らない民族もいるし、カナヅチも多いことからもわかるように、人は生まれながらに泳げるわけではない。つまり水泳も文化で、海、川、湖などの水が、人が生きることを阻害することは多いから、それに対する対抗手段として作られたものだ。

　日本でも伝統的泳法の歴史は16世紀初めまで遡り、各藩の武士の間で、水術として始まり、さまざまな泳法、流派が生まれた。海に面した藩では、荒波を乗り切るのにもっとも適した泳法が発達し、山間の藩では、急流を安全に泳ぎ

渡る泳法，静かな湖があるところでは，長く泳ぎ続けられる泳法が発達した。

　水戸藩の場合，水府流といわれる水術が生まれたが，水戸城のすぐ下の上市と呼ばれるあたりでは力強い泳法，下流の下市ではゆったりした泳法だったという。それは上市では那珂川の流れが速いのに対し，下市では川幅が広がってゆるやかなためだった。速い流れ，長い距離という異なった阻害要因に対応した泳法によって，川という自然環境に対抗しようとしたのである。

もしキリストが日本人だったら

　エリアーデは「神の息子が受肉し，キリストとなるとき……ヘブライ民族の過去の，及び同時の歴史によって，条件付けられていたのである。もし神の息子がインドに生まれていたならば，その託宣はインドの諸言語の構造及び，この混沌的国民の歴史的，前歴史的伝統に順応せざるをえなかったろう」と述べている。

　つまり宗教という文化も，環境によって左右されるというわけで，キリスト教が一神教であるのも，砂漠の民にとって，毎晩見上げる天体の規則正しい運行が，宇宙を統一的に支配するものの存在を感じさせたことが背景にあるといわれる。イエス・キリストが仮に日本に生まれていたら，キリスト教もずいぶんと異なったものになっていただろう。

酒を発明しなかった民族

　酒は世界中どこの民族にもあったと思われがちだが，実は世界には酒を知らなかった民族は多い。たまたま誰も発明しなかった，という場合もあるが，イヌイットの例を考えてみれば，自然環境からして当然とすぐわかるだろう。彼らの生活する自然環境では，穀物，果実などが生育しないから，材料がない。さらに気候条件を考えると，いくら材料があっても発酵させるのは難しい。これでは，酒という文化を生み出さなかったのも当然のことといえよう。

> **酒の飲み方という文化**
>
> 　日本では夕方，居酒屋で酒を飲むなら何もおかしくないが，朝から飲むのは気がひけるし，路上や教室で飲むのも非常識だ。時，場所だけでなく，乾杯や酌のしかたなど宴席のマナーから座順の決め方まで決まっている。これは，酒というものが，飲み方によっては生産活動を妨げ，浪費，暴力，社会秩序の崩壊をもたらす危険性があるため，酒を持つ民族は，どう飲むべきかという飲み方の文化をも作り出すからだ。
> 　そこで問題になるのは，酒を持たなかった民族に外から酒が持ち込まれた場合である。本来体質的に飲める人でも，飲んだことがなければ飲めないし，逆に弱い人でも飲み続けるうちに強くなるということもある。民族も同様で，酒を飲んでこなかった民族は一般に酒に弱く，簡単に酔ってしまう。さらに酒という文化を持たない民族は，当然酒の飲み方の文化も持たないから，時も場所も構わぬ，めちゃくちゃな飲み方となり，文字通り飲まれてしまうことになる。それゆえ酒が持ち込まれたために，さまざまな問題が発生してしまった例は多い。元々酒を持たなかったミクロネシアの島々の場合も，支配者として次々とやってきたドイツ，第一次世界大戦後の日本，そして第二次世界大戦後のアメリカが酒を持ち込んだ結果，酒に溺れ，貧困に陥り，犯罪者となってしまった人々も多いのである。

2　気候の評価と文化

環境の評価と文化

　文化は環境によって決定されるというだけならば，環境が同じ場合文化も同じようなものになるはずだが，実際には，環境が異なるのに文化は似ている，環境が似ていても文化は異なる，といった例は数多い。これはそれぞれの民族が文化を作り出すのに際して，環境をどう評価したか，つまり，環境の中の何が生きていく上で重大な阻害要因となると考えたか，そしてそれにどう対応すべきと考えたかが異なっている結果なのである。文化とは，環境とその中で生きる人々の生き方，価値観の出会いの中で作られていくものといえよう。

暖房に無関心な日本文化

　気候はさほど変わらない朝鮮半島と日本の住居の場合も同様で，朝鮮半島の

▶韓国の伝統的家屋の家並み
（写真提供：毎日新聞社）

　伝統的住居は，窓が小さく，風通しは良くないから，暑さをしのぐのに好都合とはいえない。他方日本では，天井が高い，ないしは天井がなく，窓は大きいし，すきま風がよく通る。『徒然草』にも「家の作りやうは，夏をむねとすべし」とあるように，これは夏の暑さには好都合だ。ところが冬の寒さとなると逆に日本の住居は不都合で，暖房という考えもほとんどなく，近年まで火鉢やコタツ，囲炉裏という，部屋全体を暖めるには程遠いものしかなかった。これに対し朝鮮半島の住居には，よく知られるオンドル（温突）がある。これは土間の上に煙道を設け，その上に板石を敷き，土石，油紙を用いて床を張り，かまどと共用の焚き口で薪，石炭などを燃やす床暖房で，現在も電気床暖房に形を変えて一般的であり，冬でも寒さ知らずである。
　実は日本でも，滋賀県野田道遺跡でオンドル付きの竪穴住居跡，大津市穴太遺跡でオンドル状の遺構が発見されているし，2001（平成13）年にも奈良県高取町の清水谷遺跡で，オンドルを備えた5世紀後半の建物跡が見つかっている。ところがその後消えてしまい，むしろ日本人は，音で涼しさを演出する風鈴，簾，ヨシズ，打ち水など，暑さをしのぐ方法をいろいろ工夫した。
　平壌と盛岡，ソウルと福島，釜山と京都はほぼ同緯度で，日本，朝鮮半島ともに夏は暑く，冬は寒いし，暑さ，寒さはともに人々が生きていくことを阻害する。ところが対応はまったく反対のものとなった。これは日本人は暑さ，朝鮮半島の人々は寒さが，生きていく上でより重大な阻害要因と評価したからといえよう。その結果が，外見はよく似た日本と朝鮮半島の伝統的住居の相違に

反映しているのである。

耐雪から克雪，利雪，そして親雪へ

　日本人は長く豪雪地帯に住んできた。ところが不思議なことに，スキーという文化はなかった。明治になってヨーロッパから入ってきても，交通手段としてはほとんど利用されず，戦後ようやく，スポーツ，レジャーとして普及した。また道路の雪を排除しようとはせず，雪が降るたびにカンジキを履いて道踏みを繰り返してきた。いつの時代でもできそうな，路肩を盛り上げて路面に水を流す融雪道路も作られなかったし，戦後になってもブルドーザーは除雪にはほとんど使われなかった。屋根も雪が積もるたびに危険な雪下ろしを繰り返すだけで，重さに耐える強固な建築を作ろうともしなかったし，屋根の先端部をとがらせて，雪が積もりにくくするという工夫もなかった。1階を高床にすることもなかったし，ホースに穴をあけて散水するというきわめて簡単な方法ですら，試みられなかったのである。

　ところが1963（昭和38）年を期に，日本人の雪に対する応は大きく変わった。すなわちこの年の「38豪雪」で，各地で交通が途絶するなど大きな被害が出たのに対して，当時の建設相は機械力を動員した除雪を指示，以後積極的に雪を排除する工夫が重ねられていった。そして高度成長期には，過疎地帯でもブルドーザーが出動し，融雪道路，消雪パイプ，ロードヒーティングなども設けられ，生活道路が確保されるようになった。さらに1982（昭和57）年，豪雪地帯に開業した上越新幹線では，温水散水装置が設置され，雪をまったく障害とせずに超高速で突っ走れるようになった。コンクリート住宅も作られ，屋根の積雪を防止する先端のとがったトタン屋根，ホースによる散水も取り入れられた。

　さらにその後は，雪を活かしたスキー場，民宿などの観光開発が進み，貯雪による冷房や冷蔵，雪の降らない地方への贈答品として雪を送るふるさと小包まで登場し，雪の積極的利用も広がっている。近年では，雪祭りどころか地吹雪を逆手にとった地吹雪ツアーまで登場し，スキー，スノーボードも人気を集

め，雪に親しむ動きが盛んである。すなわち，雪はひたすら耐えるべきものという「耐雪」から，克服するべきものという「克雪」，そして雪を積極的に利用し，雪に親しんで生きるという「親雪」へと変化してきたのである。

　この「克雪」への転換は，東京オリンピック，東海道新幹線開業の前年，ちょうど経済高度成長の始まった1963（昭和38）年，「利雪」，「親雪」への転換は，高度経済成長の結果として公害問題，資源問題が噴出してきた1970年代以降だ。すなわちここには，どうにもならない耐えるべきものから，人が文化によって克服するべきもの，そしてさらに，徹底的に克服することは不可能，ないしは危険で，共生すべきもの，というように，雪，さらには自然という環境への評価，価値観の転換が背景にあったのである。

3　天体運行の評価と時の文化

1日はいつ始まるのか

　高緯度地方の白夜といった例外をのぞいて，太陽が昇っては沈み，明るい昼と暗い夜が繰り返すのは，地球上どこでも共通の自然環境だ。ところが1日がいつ始まるとするかは，文化によって異なる。現代の私たちは，世界中どこでも1日は当然午前0時に始まるに決まっていると考えてしまうが，これは，時計が一般化したからそうなっただけで，歴史上普遍的なものではない。

　実際インドのケラールでは，1日は日の出とともに始まったが，日本も昔はそうだったから，これはよく理解できる。ところがジャワ，スマトラでは，1日は日没とともに始まるという。暗黒も暑さも，人々が生きていくことを妨げる。しかし何しろ熱帯である。人々は暗黒よりも暑さこそが，生きていくことを阻害するものと評価した。それゆえに1日の始まりとして，自然環境の中で日の出ではなく，日没を重視したのだ。

　また日本語では，1日，2日と，日にちを数えるのに「日」，すなわち太陽，昼間の数を数える。ところがインドネシアでは，夜に当たる言葉で数える。この例もまた，自然環境の中の昼と夜のうち，涼しい夜こそが重要だと考えるか

らであり，実際私たちも，夜をどこでどうやって安全に過ごすかが重要な旅行の場合だけは，2泊3日などと，夜の数を数えている。

1週間は何日か

　私たちの多くは，1週間7日を単位として生活している。しかし週という単位自体，普遍的なものだったわけではない。日本でも明治以降のことだ。さらに1週間は7日というのも同様である。ヨルバ（ナイジェリア）の1週間は4日，ジャワ，マカッサル（インドネシア），中央アジアでは5日，古代アッシリアでは6日，古代エジプトでは10日，そしてバリでは1日から10日まで，10種の週がある。別に自然界に週などというものが存在するわけではなく，これらは，定期市の立つ間隔，聖数，月の相など，それぞれの民族が重要と考えたものの数によって決められているにすぎないのである。

1カ月は何日か

　私たちは月の日数の経過を数え，1カ月は28日から31日だと思っている。ところが台湾の先住民族ブヌンは，月が見えない新月の期間を1カ月の日数に入れない。さらにカリマンタンのダヤクの場合は，1カ月の経過を数で数えず，月の状態で表現する。空を見上げれば今日が何日かわかるのだから便利そうだが，これも週の場合と同様，自然環境の何を重要と評価したかが異なっていた結果である。

春が来た，というのは本当か

　1年に季節は4つだと私たちは思い込んでいる。確かに日本，朝鮮半島，中国共通の季節は春夏秋冬の四季だし，イギリスでもフランスでも四季だ。しかし，よく考えてみると，自然界に春というものが存在するわけではない。梅，桜などが花を開き，厳しい寒さが和らぎ，木々が芽吹く頃を春と分類，命名しただけのこと。別に四季でなくてもよいのである。

　実際ニューギニアのワロモの暦では九季だという。しかもその九季には，各

> **春になると梅が咲くのか，梅が咲くから春なのか**
> 　私たちは春が来たので梅の花が開いた，と思っている。しかし，本当は自然界に春という季節が存在するわけではない。気温，動物，植物の様子など，自然現象のうち特徴的なものによって1年間をいくつかに分けて作ったのが季節であり，決して逆ではない。道元が「梅早春を開く」と述べたように，梅や桜が開き，蕗のとうが芽を出し，鶯がやってくるような時期を切り取り，春と名づけただけのことなのだ。ところが，いったんそうした暦を作ってしまうと，もうそれは当たり前，当然のこととなってしまい，あたかも春というものが実在するかのように思いこんでしまう。そうして私たちの頭は固くなっていくのだ。

季節にとれる魚，用いる漁法が名として付けられている。九季の後にはさらに空白期間もあり，1年は九季プラス空白からなる。それは魚がおらず，漁をしない時期だからなのだ。漁で暮らす人々にとって，生活のリズムはその時期にやってくる魚の種類によって決められるから，特に意味のない春夏秋冬などよりよほど実用的といえるだろう。ジャワでは1年は十二季だが，ここでは人々にとって稲の成長こそが重要だからで，播種，田植え，収穫といった稲の成長過程に即した季節となっている。

　また季節ではないが，ワロモと似たような例として，紀元前740年に採用された古代ローマのロムルス暦でも1年は，10カ月と1年の日数に入れない空白期からなっていた。これも残りの60日ほどは冬で，農耕も戦争もできない時期だったからという。

1年はいつ始まるのか

　年の初めも1月1日とは限らない。北米インディアンでは春分や秋分の日，シベリアのユカギールでは夏至，そして古代中国では冬至が1年の始まりだった。昼が一番短く，夜が一番長い冬至を1年の初めとするのは，すべての生命にエネルギーを与える太陽が冬至に向かって衰えていき，冬至を境に再び甦っていくと考えたからだと知れば，単なる数字に過ぎない1月1日などよりよほど納得できるだろう。またエジプトでは，イスラム暦の新年は前夜イスラム教の権威者が月を観測して決めるので，前日深夜にならないと，明日が元日かど

第4章　環境と文化の関係

暦のない民族

　ニューギニアのバクタマンは暦を持たない。太陽が昼夜を決めるだけで，時間を計測することもなく，日は今を中心に2，3日の範囲で数えるだけである。期間の経過は彼らにとって重要な，誕生，死，イニシエーションなどの儀礼で区切られるのである。

> **暦がない，2，3日しか数えられない民族は遅れているのか**
> 　暦がない，前後2，3日しか数えられない，などと聞くと，遅れた未開民族だ，などと感じてしまう。しかし，客観的な数字で日数の経過を表すことが間違いなく合理的とはいい切れない。グアム島では，人々は大型台風が来た年を基準にして，あれは台風ロスの翌年だった，などと昔話をするという。大被害を免れず，生活に大きな変化を強いる台風の方が，単なる数字などよりよほど重要だし，記憶しやすい，ということになる。これは実は私たちも同じで，昭和何年などというより，就職して3年後だとか，娘が生まれた翌年といった方が覚えやすいし，実感がある。
> 　また，前後2，3日しか数えられないといっても，それは彼らの生活にそのような先まで計画しなければならない必然性がないからなのだ。私たちだって知っている位取りはせいぜい兆，京までで，その先となると首をひねってしまうが，それはそんな巨大な数を数える必要性がないからだ。そう考えると，バクタマンの人々との違いは単に大小の違い。そんなに決定的な違いといえるだろうか。

4　空間の評価と地図

なぜメルカトル図法の地図が作られたのか

　地図にはさまざまな図法があるが，世界地図として多くの人が思い浮かべるのは，次頁の図のようなメルカトル図法によるものだろう。地球は球体だから，平面の地図にする以上，どんな図法であろうと何かしら歪むのは避けられない。しかしそれぞれの図法には特長があり，このメルカトル図法は，距離，面積は赤道から離れるにつれて拡大されて不正確になるが，方位は常に正しく表現される。

▶大西洋中心の世界地図（メルカトル図法） 　▶逆さ世界地図

　このメルカトル図法は，ドイツのエッラープが1511年作成の地図に用い，オランダの地理学者メルカトルによって1569年に完成されたもので，航海図として現在に至るまで広く用いられているが，16世紀初めは，まだ地球の隅々まで十分にわかっているような時代ではない。ともかく西に向かえば黄金の国ジパングにたどり着くはずだ，といった時代である。人が移動するにあたって，距離，方位がわからないことはいずれも阻害要因となるが，この時代には，方位が正確にわからないことこそ重大な阻害要因だった。そうした背景があって，こうした図法が作り出されたのである。

世界地図の中心はどこか

　世界のいろいろな民族に世界地図を描いてもらうと気づくことがある。それは多くの人が，自分たちの住む地域が世界の中心にある地図を描くことだ。日本人も，アジア大陸を背後にした日本が太平洋を挟んでアメリカ大陸と向かい合い，ヨーロッパが端にある地図を描く。他方欧米人が描くと，大西洋を挟んで，ヨーロッパとアメリカ大陸が向かい合い，日本は文字通り極東，世界の東の果てにある。各国で発行される地図自体が，それぞれ自国を中心に描かれており，人々が子どもの時からそれを学習させられた結果だ。

　ニュージーランドでは南北が逆の世界地図が売られている。本当は宇宙に上も下もないはずなのに，人口も先進国も集中する北半球の人々は自分たちを中心に地球を見て，ニュージーランド，オーストラリアをDOWN UNDERな

第4章 環境と文化の関係

大阪駅，京都駅逆さ路線図の謎

　JR大阪駅には2001（平成13）年まで鏡像の路線図，つまり裏返しに描かれた大阪環状線の地図が掲示されていた。この路線図は大阪駅の西隣の福島駅が右隣に，東隣の天満駅が左隣に，という具合に描かれていたから，東京から来た旅行者は，反対方向の電車に乗ってしまう。またJR京都駅の場合，八条口の運賃表地図は，京都より東の大津が右，西の大阪が左にと，東京同様に，つまり普通の地図と同じに描かれているが，中央口は逆で，京都駅から東海道線で左に行くと大津，米原，右に行くと大阪，神戸となっている。

　大阪駅の逆さ路線図は，実はホームの階段下にあった。普通の地図や東京の山手線路線図は，どこに掲示されたものも，上空から眺めた形で描かれるが，この路線図は地下から大阪を見上げた形で描かれているのだ。確かに，今自分がいるホームの階段下という位置から見れば，上空から見たのとは逆になる。京都駅の場合も，逆さ路線図は駅の北口である中央口に北を向いて掲げられているから，それを見ている人々にとっては確かに左が大津，右が大阪ということになる。駅南側の八条口の路線図は，南を向いて掲げられているから，それを見る人々にとっては右が大津，左が大阪となる。いずれも今いる位置から見た方向と一致するように描かれている，というわけだ。

　東京では，地図は掲示する場所にかかわらず，ほとんどが上空から客観的に見た形で描かれているから，いったん自分の今いる位置から見た形に変換しなければならないのに対し，関西では，変換の必要がないように，あくまで現在の位置を中心に描いたものを作ろうとする，というわけだ。これは関西の文化が，時に自己中心的といわれることとも関連するかもしれないが，いずれにしろ同じ日本人でも，何を移動や都市空間の認識を阻害するものと考えるかが，大変に異なっている，という例である。

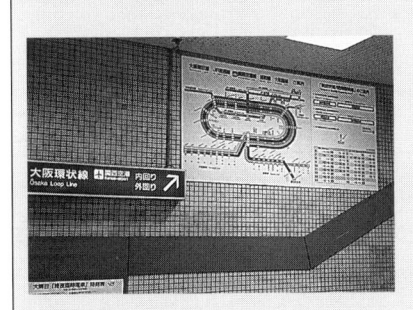

▶大阪駅逆さ路線図 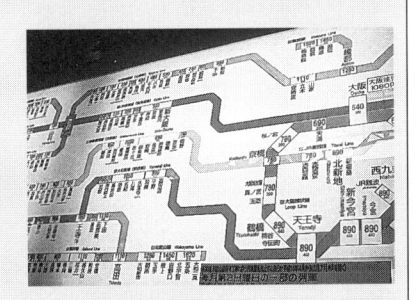　　　▶京都駅逆さ路線図

どと呼ぶ。逆の立場から見れば世界はこうも見える，という皮肉なのである。

　本来宇宙に中心も端も上も下もないし，地図は絶対に北が上でなければならないわけでもない。結局人は誰でも，どの民族も，自分たちの生活する所を中心として世界を見ているのである。

5　文化も環境

文化が環境を作る

　今から1000年前にも結核菌は物理的には存在した。しかし，誰も存在を知らず，見た人もいなかった。そうした場合結核菌は存在していないと同じことで，当時の人々の環境の中には入っていなかったのである。それゆえ当然，結核菌への対抗手段など誰も考えるはずがない。ところが1590年ごろ，オランダで顕微鏡が発明されたことにより，それまで見えなかった結核菌が見えてしまい，以来私たちの環境の中には結核菌が存在するようになった。そして対抗手段が考え出された。文化が新たな環境を作ったのである。

文化も環境になる

　いわゆる未開民族が，病気，老衰以外で死ぬとしたら，猛獣に襲われるなど，自然の脅威を直接被った場合がほとんどだろう。他方日本では，毎年10000人近い人が車に殺されてきた。ところが車は自然ではない。人が作った文化だ。工場，車などによって作り出された大気，水，土壌の中の汚染物質なども同様だ。

　いわゆる未開民族の場合，環境の圧倒的部分は自然。ところが，文明人の場合，とりわけ都市に住む人々にとって，環境の中に自然の占める割合は少なく，むしろ文化の占める割合が多い。そして人々が作り上げたはずの文化は環境となり，時に自然と同様に，人々が生きていくことを阻害する。距離を克服するために作り出された車が，事故や大気汚染を引き起こし，その対応に道路交通法や排気ガス規制を導入したり，電気自動車の開発を進めなければならない，

といった現実を見ると，いったん「進歩」に踏み出せば，後は次々と作り出される新たな阻害要因に対応し，次々と新しい対抗手段を作り出していかなければならないという文明の姿が見えてくるだろう。

＊情報源＊
ミルチャ・エリアーデ，1971，『イメージとシンボル』前田耕作訳，せりか書房
織田武雄，1973，『地図の歴史』講談社
道元，1985，『正法眼蔵』梅花の巻，日本古典文学全集81，岩波書店
吉田兼好，1971，『徒然草』日本古典文学全集，小学館

水府流水術
　　http://homepage2.nifty.com/KAYANO-T/sui.htm
新潟県十日町市役所（雪国の歴史，闘雪の歴史）
　　http://www.city.tokamachi.niigata.jp/
花園大学国際禅学研究所（道元）
　　http://iriz.hanazono.ac.jp/
雪センター（克雪，利雪，親雪）
　　http://www.yukicenter.or.jp/

第5章 人の行動と文化

1 人の分類と人の行動

もし家族，他人の区別がなかったら

　もし，親，兄弟，親戚，友人，他人といった分類がなかったらどうだろうか。たとえば，就職の保証人を誰かに頼まなければいけないという時，たまたま道ですれ違った人に頼めるはずもないし，引き受けてくれるはずもない。まずは親，兄弟，ついで祖父母，オジ，オバといった人たちに頼もうと思うし，そうした人たちは普通なら引き受けてくれる。他方，道を教えてもらうなら，わざわざ親，兄弟を探すまでもなく，たまたますれ違った人でいっこうに構わないし，赤の他人であっても教えてくれる。

　また，父親に命じられたことには従わなければならなかったり，オジにはそれなりの言葉遣いをしなければならなかったりする。友人に対する態度，言葉遣いと，赤の他人に対するそれも当然変えなければならない。

　こうした分類もまた，生きることを阻害するものへの対抗手段として文化が作り出したものだ。もし長男，次男の区別もなく，相続の仕方も決められていなければ，自分の財産を誰に相続させるか悩み，子どもたちの間でも摩擦が生じることになるが，たとえば，長男が相続するものだと決まっていれば，考える必要もないし，摩擦も生じない。男女の性別分業の場合も同様で，固定してしまえば，善し悪しは別として，ある意味で生き方に悩むこともなければ，男女間の摩擦も生じない，ということになる。

　要するに，私たちの周囲にいる人々は，文化によってすでに分類され，評価

され，それぞれどのように対応するべきか，権利，義務の関係が決められているのである。もしそれがなかったら，どんな場合，どんな相手にどういう風に対応するべきか，いちいち考えねばならなくなってしまうが，文化によって決められた通りに対応してさえいれば，考える必要もなく事はスムースに，予測通り運ぶ。文化はいわば頭の省エネルギーを可能にしているのである。

2 動物の分類と人の行動

ニュージーランドの犬は皆良い子

　日本の犬は一般的によくしつけられているとはいいがたい。他人には吠えかかるし，散歩中もほかの犬とケンカする。犬に引きずられ，散歩させているのか，させられているのかわからないような飼い主もいるから，つながないで散歩させるなど考えられない。

　ところがニュージーランドの犬は，つながれなくても主人の後をついて歩き，通行人に吠えたり，他の犬とケンカしたりしない。主人が用事をすませる間，商店，図書館などの入り口でおとなしく待っている。来訪者が犬に吠えられることもまずない。

　こうした相違は，日本とニュージーランドの文化における，犬の分類，評価の相違によるものである。ニュージーランドでは犬は work dog（使役犬）と pet dog（愛玩犬）に明確に分類され，対応も異なる。pet dog は家庭で愛玩用に飼われている犬であるが，sheep dog（牧羊犬）は work dog で，牧場で飼われている。自家繁殖させるか，または子どもの時に買い入れて，他人にはさわらせず，家の中には入れずに屋外の小屋で飼い，主人の命令だけに忠実に従うように厳しくしつける。口笛あるいは言葉による多様な命令を聞き分けて，羊の群れを自由自在に誘導していく。sheep dog なくしてニュージーランドの産業は成り立たないといわれるほどの，いわば生きた道具である。他にも猟犬，盲導犬，聴導犬など，多くの work dog が使われてきたし，酪農家はもとより，一般の人でも，犬のしつけ，訓練法をよく知っており，書店にはたくさんの犬

▶羊の群れを追う牧羊犬

のしつけに関する本が並び，訓練所も多い。

　他方日本では，使役犬といっても警察犬，盲導犬，猟犬程度で，どれも一般的でなく，純粋に愛玩用というのも最近で，犬といえば番犬か野良犬だった。それゆえしつけといっても，お手，お代わり，お預け，を教える程度で，飼い主に従って歩く訓練，主人の命令を聞き分けて従う訓練などはほとんどされない。そもそも一般の人はしつけ方自体知らないし，訓練所に入れるということもほとんどない。要するに犬の本来の野生をあまり改変しようとしなかったのである。こうしたニュージーランドと日本の文化における犬という動物の分類，評価，対応の相違が，対照的な犬たちに表れている。まさに2つの文化をめぐるアンソロポロジー（人類学）ならぬワンソロポロジーである。

食料品とドッグフードを同じ冷蔵庫で売る国

　ニュージーランドでは pet dog はほとんどが屋内で家族と一緒に生活している。寝るのも家族のベッドで一緒だ。訪問客には犬も家族の一員として紹介されるが，他にも多くの場合に犬が人と同じように扱われる。

　日本では犬に健一，明子など，現代日本人の名前を付けることはめったになく，多くは意味のないもの，人名だとしても歴史上の人物や外国人の名前だが，ニュージーランドでは，現代のニュージーランド人と同じ名前の犬も珍しくない。

第5章　人の行動と文化

▶人用食品（左）とペットフード（右）　　▶ペット霊園

　散歩はもちろん，買い物，キャンプ，旅行など，車に乗せてどこにでも連れていくし，ワゴン車の後部に犬用の檻を作り付けた車もある。犬を連れて入って良い施設も多く，図書館，教会，病院など，犬を入れてはいけない場所は明確に表示されている。

　とりわけ驚かされるのが食べ物で，スーパーマーケットでは人用の食料品と犬用のソーセージがすぐそばに置かれたり，店によっては同じ冷蔵庫に並んでいることもある。家族と共通の皿で，家族と同じ食べ物を与えられ，皿洗いも一緒などという場合も多い。

　RSPCA（Royal Society for the Prevention of Cruelty to Animals）は動物愛護団体で，飼えなくなった犬，猫を飼育し，里子を斡旋する事業を行っているが，強制力を持ち，犬の虐待に改善命令を出し，家を破壊してでも救出したりする。animal ambulance という犬，猫，馬用の救急車もあり，pet cemetery（ペット霊園）の墓は墓石が小型なだけで，人の墓とまったく変わらない。棺桶も人の子ども用を使う人も多い。

人と犬の距離

　無論日本の文化でもニュージーランド文化でも，人と犬は区別されるべきものとされ，異なった対応が行われる。しかしニュージーランドでは，人，犬という2つの分類の隔たりが日本よりも小さい。それゆえ同じ名前を付けても，

救急車があっても，おかしくない。また逆に考えれば，人に近いと評価するゆえに，人に近づける必要があり，野生を改変させて厳しくしつけ，同じものを食べさせ，同じ名前を付けて，人の文化の中に引き込もうとする，ということになるのである。

イヌイットは残酷か

　イヌイット社会に住み込み取材した朝日新聞の本多勝一は，イヌイットの人々がソリ犬にたいへん厳しく当たり，怠ける犬は徹底的に打ちのめすと報告している。しかし本多は，これを残酷だなどと日本人が簡単に批判することはできないという。厳しい自然条件の中で暮らす彼らにとって，ソリ犬は生きていくために不可欠の存在であり，ソリ犬が思った通りに動かなければ，文字どおり死活問題。それゆえ怠ける犬は何としても鍛え直さなければならない。イヌイットの文化では犬はペットではなく，生きていくための道具として評価されているのであり，番犬，ペットとする日本人が，扱いが厳しすぎると一方的に非難するのは当たらない，というわけである。

なぜポチ，タマを食べてはいけないのか

　日本人にとって，人に一番近い動物といえば犬，猫だ。次に近いのは，近年まで農家で一般的に飼われていた馬，牛，そして豚で，家畜と分類される。狐，狸は，人里からも比較的近いところにいて，時折人里に現れる野生動物，鹿，熊となると，山奥の人里離れたところにいる野生動物，そしてライオン，象，キリン，パンダなどの動物園にしかいない動物，といった分類になる。このうち名前を付け，家にも入れ，人と同じものを食べさせるのは犬，猫で，絶対に食べてはいけない。他方食べてもよいとされる動物は馬，牛，豚といった家畜で，狐，狸，鹿，狼などの野生動物はめったに食べないし，食べたとしたらゲテモノ食いである。

　ニュージーランド人にとっては，犬，猫，そして馬は最も人に近い，可愛がるべきペットである。家畜は羊，牛，豚，鶏などで，オポッサム，兎などは人

里に近いところにいる野生動物，そして鹿などは人里離れたところにいる野生動物となる。このうち名前を付けるのは犬，猫，馬，家にも入れ，人と同じものを食べさせるのは犬，猫である。馬は食性，大きさが違うため犬，猫と異なった対応だが，人々，とりわけ子どもにとっては家族の一員といってもよい大切なペットだ。この犬，猫，馬は，羊などと違って獣医にも見せるし，動物救急車の対象でもある。交通事故で殺してしまったら，まるで人身事故のような騒ぎになる。そしてなにより食べてはいけない。家畜は日本同様に食用で，野生動物は食べるものではない。

　すなわち，ニュージーランドの文化では，犬，猫，馬が一つに分類され，人に近い対応をするべき動物である。それに対して日本では，犬，猫が一つに分類され，馬は牛，豚などと同じ家畜に分類され，食べてもよい。ただし犬，猫は人に近く，食べてはいけないが，自分たちと同じ名前は付けない，救急車がないなど，ニュージーランドに比較すればその隔たりは大きく，他方ペットと家畜の間の隔たりはニュージーランドに比して小さいとされているというわけ

中国人が犬を食べるのは野蛮か

　中国人は犬をペットとして可愛がる。ところがその同じ中国人が犬を食べる。これは日本人には理解し難いし，だいたい犬を食べるなど，とんでもない野蛮な行為に思えてしまう。それは，日本の文化では番犬，愛玩犬という分類，評価しか存在せず，食用犬という分類，評価が存在しないためだ。他方中国人にとっては，愛玩犬とは別に食用犬という分類もあるから，うちのポチは食べてはいけないが，市場で売っている食用犬なら食べてもかまわない，ということになる。

　動物の分類，評価が違うだけのことであり，野蛮だなどと決めつけるのは的はずれ。日本人が，野生の鴨は狩猟禁止で食べてはいけないのに，養殖鴨は狩り場に放して狩り，食べても良い，といっているのと同じことだし，中国人の側から見れば，鯨を食べるなんて野蛮なことなのだ。

▶中国の食用犬肉 (写真提供：毎日新聞社)

である。

3　空間の分類と人の行動

なぜ教室では教壇，学生席が決められているのか
　人々が集まる場合，どこが誰の占めるべき空間かが決定されていないと，どこに座ってよいかわからず混乱，摩擦を引き起こすことになる。教師も学生も入り乱れて座ってしまったら，授業にならない。厨房と客席の別がなかったら，調理師と客が入り乱れて，食事も営業も成立しない。街の中でも，歩く，休む，排泄するといった人々のさまざまな行動が行われるべき場所がどこか，決められていなければ，どこでどうしてよいかわからず，大混乱となり，生活は成り立たず，生きていくことはできない。ところが文化は，空間を教壇，学生席，上座，下座，公園，道路などと分類し，評価し，それぞれの場所で人々がどのように行動するべきかを決定し，人々にそれを学習させる。それゆえ，その通りに従っている限り，人々は迷うことなく座席に着け，問題なく講義，営業ができ，歩いたり休んだりすることができるのである。
　分類はすべての思考，行動の基礎である。人は動く動物であり，すべての行動が行われる空間が，分類，評価され，行動が決められていなければ，いちいち考え，決めなければならず，どうにも行動しようがなくなってしまう。自由というのは実は，ある意味で人が生きていく上で一番困ることなのであり，空間に関しても文化は，いちいち考えなくても済むように，頭の省エネを可能にしているのである。

なぜ教室内の帽子はいけないのか
　帽子をかぶったまま教室に入ってきた男子学生を注意したところ，なぜいけないのですか？と逆に質問され，立ち往生してしまった教員がいる。とにかくそういうマナーなのだから，と切り抜けたものの，いくら考えてもそれ以上わからなかったという。

大人には当たり前になってしまい，理由など考えたこともない，というマナーは他にもいくらもある。室内に入る時はコートを脱いで入る，土足で入らない，逆に外に裸足で出ないというマナーもある。教員の研究室を訪れる学生はドアをノックして，返事があるとドアを開けて入ってくるが，ほとんどの学生が「失礼します」といいながら入ってくる。退室のときも同様だ。

　土足の例は，室内に泥を持ち込む，足が汚れる，ということもあるが，他の例は合理的理由は考えつかない。室内で帽子をかぶっていたところで，よほど大きい帽子でなければ他人の邪魔になることはないし，寒ければ室内でもコートを着ている方が合理的だ。入室を許可した後なのだから失礼なことをしているわけではないし，対面した後に挨拶があるのに，顔も見ないうちにドアを開けながら，あるいは閉じながら挨拶する。

　人は生きていくことを阻害されない空間，すなわち身体，生命の安全が確保され，眠る，休む，食べる，排泄する，考える，仕事するといったことが安心してできる場所が必要だ。いわば「うち」「縄張り」と呼べる空間の確保である。それゆえ，空間には2分類が必要になる。そして一方を内，他方を外と決定する。これはもっとも基本的，かつ重要な分類で，家の内外という分類がなかったら，生活は成立しない。だからキャンプするにもテントを張り，木の枝をたわめて縛ってでも内外を作り出すし，海水浴場でもビーチパラソル，ビニールシートで縄張りを確保する。教室の内外という分類があるから，授業に集まってきた教師も学生も，外から教室の中に入り，外とは遮断された教室の内で授業ができるのだし，そもそもキャンパスの内外という分類がなかったら，集まってくることすらできない。

　こうした内外の境界を塀，門，壁，屋根などで物理的に確保したのが同音の「家」であり，建築物だ。しかし扉のない門，開いたままの門などは物理的には障壁にならないし，物理的障壁を設けても，そこを通過する人々に尊重されなければ意味がない。物理的境界はさらに明確にされる必要があり，そのために利用されるのが，先に述べたようなマナーなのだ。境界線上で帽子を取らせることによって，失礼します，という挨拶をさせることによって，そこが内外

の境界であることがより明確化される。そのために利用されるのがマナーなのだ，と考えれば納得がいくだろう。

　土足，裸足の例でも同様で，決して汚れだけが理由ではないのは，買ったばかりのまったく汚れていない靴でも，そのまま中に入るのはおかしいとされるし，どんなに掃き清められ磨かれていても，裸足で外に出たらおかしいとされることからも，よくわかる。あくまで履物を履かせ，脱がせることで，内外の分類を明確化しようとするのである。

　ただしこうした分類と明確化の方法は文化によっても異なるから，ニュージーランドでは家の中に土足で入るし，キャンパスでも，街の中でも，時に裸足で歩く人を見かけ，驚かされることになる。ニュージーランドでは，都市空間と住居空間は日本ほど決定的に分類されておらず，街の中も日本に比べればかなり内とされているため，ジベタリアンも，裸足で歩く人もそれほどおかしくないし，実際家の中は日本ほどきれいではないが，街の中はとてもきれいにされているのである。

ホテルの廊下をステテコ，スリッパで歩く日本人

　はじめて欧米のホテルに泊まった日本人が，大浴場を探し歩いて笑われたり，スリッパでレストランに現れ，パジャマで廊下を歩いてひんしゅくを買う。日本の旅館なら当然のこれらの行為が，欧米のホテルでおかしいのも，内，外という空間の分類と，それにともなう行動の統制のしかたが異なるからなのだ。

　日本旅館は部屋の壁が薄く，隣室の音が聞こえる。伝統的には鍵はなかったし，現在でも民宿レベルの旅館では，鍵がないどころか隣室との間がふすまだけ，などという場合もある。さらにいきなり茶や食事を持って来たり，布団を上げに入って来たりする。他方欧米式のホテルでは，壁は厚くて音は聞こえず，ドアを閉めて鍵をかけてしまえば誰かが入ってくるなどということもなく，プライバシーは確実に確保される。

　旅館では，寝間着でもある浴衣で，自室はもちろん，全館どこでも行くことができる。同じ宿に宿泊している人はみな同じ浴衣，帯，羽織だ。靴は玄関の

下足箱に脱ぎ、建物内は裸足、靴下、宿のスリッパである。他方ホテルでは、自室内はどんな格好でも構わないが、自室から一歩出たら街路と同じで、きちんとした服装でなければならない。履物は廊下やレストランでも靴であり、裸足、スリッパなどで廊下に出たりしたらみっともない、ということになる。

　食事も小規模な旅館では、客がメニューを選ぶことはできず、すべての客が、旅館側が用意した同じ料理を食べる。大規模旅館の場合、料金による料理の差はあるものの、メニューは選べず、同一料金の客は皆旅館側が決めた同じ料理を食べる。食事の場所は各個室であるが、小規模、低廉な旅館では、食堂で他の宿泊客と一緒に同じメニューを食べる場合も多い。食事時間も宿側が運んできた時が食事時間となる。到着時に供される茶菓も皆同じである。ホテルでは、食事はレストランか外食であり、レストランでも、メニューは各自が選択する。レストランの営業時間内ならいつでも食べられ、外食や買ってきたものを自室で食べるならば時間はまったく自由である。

　入浴も旅館の大浴場では他の宿泊客と一緒だ。宿で用意した同じタオル、歯磨き、髭そりなどを使い、決められた利用可能時間帯に入る、小規模な旅館では、宿側が決めた入浴順に案内される。ホテルでは、入浴は自室のバスであるから個人単位で、時間は自由、洗面具も持参する。

　音に関しても、旅館では自室はもちろん、館内で多少大きな声を出してもそれ程とがめられないし、宴会となると、深夜まで騒いだりする人もいる。ところがホテルでは、自室では多少にぎやかに談笑してもよいものの、室外に出たらレストラン、廊下、エレベーターなどでは静粛にしなければならない。

　要するに、日本の旅館の場合、建物全体がいわば一つの大きな家であり、同じ屋根の下に宿泊した人たちは、いわば一夜の家族とみなされる。それゆえ、家族なら一人ひとりが違うメニューでバラバラな時間に食事するのは不自然で、皆が出された料理を一緒に食べる。着るものも同じものを着て、裸足、寝間着でもおかしくない。風呂も皆で裸になり、一緒に入るし、夜遅くまでにぎやかでも多少は我慢しなければならない。要するに空間的には、建物の内か外かが重要で、建物の中の各部屋の内外は重要でない。

他方ホテルでは，内外はあくまで各部屋の内外であり，建物全体の内外はあまり重要でない。それゆえ，部屋の中では服装も履物も自由だが，一歩出ればそこは街路と同様の公共空間，というわけである。

ジベタリアンは嫌われる

　1998（平成10）年，高校生，中学生を中心とする10代の若者の間で，屋内，屋外を問わず，いたるところ，地べたに直接座り込む「ジベタリアン」が流行した。こうしたジベタリアンに対し，大人たちの間では，汚い，だらしがないとすこぶる評判が悪かったが，結局当人たちも座り心地が悪かったようで，1999（平成11）年になると，直接地べたにではなく，段のあるところを選ぶ「ダンサリアン」が増え，2000（平成12）年に入るとあまり見られなくなってしまった。1970年代にも，やはり若者がしゃがみ込む流行があったが，これもじきに廃れた。

　日本の文化では，人が座るべきは椅子や畳の上であり，地面には座るべきでないとされる。海水浴，ハイキングなどでどうしても地面に座る場合も敷物を敷くべきで，1センチの草履，新聞紙1枚でも，地面から高さを隔てるべきなのだ。これは地面と地面から離れた空間が別々の分類で，異なった評価を与えられ，どういう行動をするべきか，するべきでないかも決められているからだ。土，地面とは動物，植物の空間で，ごみ，排水などを捨てる汚れた空間とされ，人は地面から高さを隔てた空間にいるべきであり，可能な限り身体を地面につ

▶ジベタリアン

第5章 人の行動と文化

どこでは何が恥ずかしいのか

　ミクロネシア・ヤップ島の女性たちは，上半身裸で暮らしてきた。日本人から見ればとても恥ずかしいことだが，ヤップでは当然のことだ。ところが彼女たちは，下半身はくるぶしまで届く長い腰蓑をつけており，ふくらはぎ，太股などが見えてしまうのは大変に恥ずかしいこととされる。また上半身裸といっても，実はマラファオと呼ばれる首飾りをつけており，これなしで外出するのは恥ずかしいことなのだ。それゆえ，日本人や欧米人の女性観光客が，ショートパンツで町を歩いたり，水着で海に行ったりすると，地元の人たちにとっては，眉をひそめるべき，恥ずかしいこととされてしまう。

　羞恥心は本能で，どの民族でも同じ，と考えがちだが，身体のどこが恥ずかしく，隠すべきかは，実は文化によって異なるのだ。戦前の中国では，纏足を他人に見せることは恥ずかしいことだったし，アマゾン流域などには全裸で生活する民族もいた程なのだ。日本でも，元々乳房は絶対に隠さなければならないわけではなく，農漁村はもちろん，都市部でも昭和30年代初めくらいまでは人前で授乳する母親の姿が見られた。欧米文化の影響で，性的対象として隠すべきとする文化が一般化したにすぎないのである。

　また，プールなら何でもない水着姿が，電車の中ならおかしいし，逆にプールにスーツ姿の人がいたら奇妙であるように，身体の分類，評価は，空間のそれとも連動している。

▶ヤップ島の人々

けるべきでないとされている。それゆえこれに反するジベタリアンは白眼視の対象になる，というわけである。

　ジベタリアンはほとんどが10代の若者で，まだ文化による空間の分類，評価とそれに対応して決められた行動という文化を完全には身に付けておらず，学習させられている途上で，それに対してもっとも反発を感じる世代だ。それが彼らにあえて地面に座るという行動をとらせるが，実際座りにくい上に，冷たい視線が注がれ，彼ら自身汚いと感じてしまう。こうして若者の間でジベタリアンは現れては消えていくということになる。

　もっともこれも文化によって決められたものである以上，さまざまな相違が

あり，ニュージーランドでは大人のジベタリアンもおり，図書館の床に座り込んで本を読んだり，街でも地面に座り込んで休憩する姿が見られたりする。日本の文化でも当然不変ではなく，時代によって変化していくもので，やがてジベタリアンが白眼視されない時代がくるかもしれない。

4　人の行動を決めるもの

朝食にすき焼き，夕食がトーストとコーヒーだとなぜ変なのか

　朝からステーキや鍋物を食べたり，夕食にトーストとコーヒーという人はまずいない。高級レストランでラーメン，屋台でステーキというのもおかしいし，地面に食べ物をおいて食べるのもおかしい。客が給仕してしまうのも，調理師が客席で食べているのもおかしい。犬にキャビアを食べさせたらおかしいし，人が犬小屋で寝ていたらもっとおかしい。しかし本来，腹がすいていれば食べるのは人の本能であり，空腹なら朝から鍋物を食べても当然だし，夕食時でもさほど空腹でなければ，パンとコーヒーでも何らおかしくないはずだ。寝室であろうと，犬小屋であろうと，眠るという生理的欲求を充足することとは無関係のはずである。

分類，評価の対応関係

　しかし文化はこれまで見てきたように，人も，動物も，空間も，分類，評価し，それぞれにどういう行動をするべきか決定していた。そして実は，これらは相互に対応しているのだ。客，調理師という人の分類は，客席，調理場という空間の分類と対応し，食べる，調理するという行動が決定されている。ラーメンとキャビアという分類は，大衆料理と高級料理という異なった評価が与えられ，屋台と高級レストランという空間の分類，評価，夕食，朝食という食事や時間の分類，評価とも対応しているのである。こうして社会の仕組みが作られ，人々は無数にある選択肢の中から，迷うことなく選び，行動し，他の人々との摩擦もなく生きていくことが可能になっているというわけである。

第5章　人の行動と文化

＊情報源＊

斗鬼正一，1995,「空間占有行動の統制——香港の都市空間と自然」『情報と社会』5，江戸川大学

斗鬼正一，1999,「クライストチャーチの都市空間と清潔観」『情報と社会』9，江戸川大学

斗鬼正一，2000,「クライストチャーチの都市空間と行動の統制」『情報と社会』10，江戸川大学

本多勝一，1981,『カナダ＝エスキモー』朝日新聞社

Bunny Lodge（ペット霊園）
　Jones Road, Weedons, R.D.5 Christchurch, New Zealand
　http://www.bunnylodge.co.nz/index.htm

The Royal New Zealand Society for the Prevention of Cruelty to Animals（ニュージーランドの動物愛護）
　http://www.rspcanz.org.nz/index.html

ミクロネシア連邦政府
　http://www.fsmgov.org/

Nature's Way（ヤップ島）
　http://www.fm/naturesway/japanese_version.htm#history

第6章　人は色をどう見ているのか

1　色の見え方は文化が決める

虹は何色か

　虹が何色に見えるかと聞かれれば，日本人は7色（赤，橙，黄，緑，青，藍，紫）と答える。朝鮮半島，中国，フランスの人々も同じ7色と答える。ところが英米人は，わからないという人もいれば，7色（red, orange, yellow, green, blue, indigo, violet/purple）や6色（violet/purpleを除く）と答える人もいる。またドイツ人は5色（rot, gelb, grün, blau, violett）だという。グリーンによれば，ジンバブエのショナ語を話す人々は3色（cips^{w}uka, citema, cicena），リベリアのバサ語を話す人々に至っては2色（hui, ziza）だというのである。

未開人だから色が少ししかわからないのか

　虹が2色などと聞くと，それは未開民族だからではないか，と考えるかもしれない。しかし福井勝義の調査によれば，遠くない過去にいわゆる未開民族とされていたエチオピアの牧畜民ボディは，98枚の色彩カードを示すと，即座に色彩名を答えるという。一般の日本人でこんなことができる人はまずいない。ボディの場合，4，5歳の子どもでも成人と同じだという。見分けられる色の数の多少と，文明人か否かとは，まったく関係ないことがわかるだろう。

色とは何か

　物理学的には，色とは光波のさまざまな波長の差異によってもたらされる視覚的な感覚で，色の三原色の波長にもとづいて精密な科学的測定が可能であるという。350 nm（ナノメートル＝10億分の1m）から750 nmにかけての波長を持つ電磁波を等しく含んでいる光は白色光で，電磁波の強度がゼロであれば光は存在せず黒となる。1つの波長だけからなる光は，ほかの波長の光と違って見え，この違いを色相といい，波長が350 nmの光は紫に感じられ，750 nmの光は赤く感じられる。そしてその中間の光は青，緑，黄，橙と感じられる，といった説明がなされる。

文化による色の分類

　物理学的な説明だけならば，目の仕組みは人類共通だから，どの民族も同じ波長の光は同じに知覚しているはずだ。しかし現実には虹が2色，7色とさまざまに認識される。これは，色をどう分類するかがそれぞれの文化によって異なるためだ。光は一連の波長を持つ電磁波で，元々自然界に赤，青などという分類があるわけではない。虹の場合も，水滴に入った太陽光が，屈折され，反射されて，色のスペクトルとなって現れるもので，無限の色が連続したものだから，本来特定の色数で表すことができるものではない。それを各民族が独自に分類し，2色，7色などと認識しているだけのことなのである。

色を乾燥度で分類する民族

　コンクリンの研究によれば，フィリピンのハヌノオ語を話す人々の色彩認識は，数百の個別の色を認識するレベルと，これらの色を包含し，4つの排他的カテゴリーに分類，認識するレベルの2つからなるという。4色分類は，黒を中心とした色（黒，紫，藍，青，暗緑，暗灰その他の暗い部分）を指すmabiru，白を中心とした色（白や色のきわめて明るい部分）を表すmalagtiʔ，橙，赤を中心とした色（海老茶，赤，橙，黄など）を指すmararaʔ，葉の緑を中心とした色（明るい緑，黄緑，明るい茶を含む色）を指すmalatuyからな

る。この4つの色カテゴリーは対になって互いに排他的に対立し，mabiruとmalagtiʔは色の明暗による対比分類を示すが，mararaʔとmalatuyは乾き具合と湿り具合による対比分類だという。植物の新鮮さ，みずみずしさ，青々とした様がlatuy，乾燥し水分を失うこと，熟することはraraʔとされるように，新鮮さ，みずみずしさといった，植物の成長，成熟過程に関連しているのだ。色の分類が色そのものの特質ではなく，乾湿という色以外のものにもとづいているのである。私たちが学校で教えられた，色を明度，彩度，色相の3基準で分類する体系は必ずしも普遍的なものではない。

沖縄でも虹は2色だった

　常見純一は1960年代末ころに沖縄北部で色彩分類を調査している。それによれば，当時60歳代以上の人々の色に関する語彙はきわめて単純で，シル（白），クル（黒），アハ（赤）ないしアハイル（赤色），オールー（青色），の4つのみによって構成されていた。これを24色相環に当てはめてみると，白黒以外のすべての色がアハかオールーに分類され，たとえば黄，緑，青，紫がすべてオールーとされていたというのである。したがって当然虹も2色ということになる。

　常見はこうした色の分類は，実は稲，植物の成長，成熟過程と関連するという。すなわち，稲の発芽から成長までの稲の色は，実際にはずいぶん変化するが，オーハン（青い）であり，オーオートゥスン（青々としている）とされる。稲穂に実が入り，熟し始めると，穂は黄金色に変わってくるが，これはオーガマ（オーは青）で，この頃村人は「メーヌフーン，オーガマシー，ナー，ヤガティハラインドー」（稲の穂もオーガマになったから，もうやがて刈り取りができるぞ）と話題にする。さらに稲が完全に熟し，刈り取れる状態になったときには「アカピーナットーン」（アカピーになっている），さらに枯れた稲もアカピーと表現される。すなわちこのアハイル，オールーという色の分類は，色そのものではなく，稲ないし植物の成長，成熟の度合いにもとづくものだという。

　すなわち，沖縄の文化では，色は明度と，稲という重要な作物が収穫できる

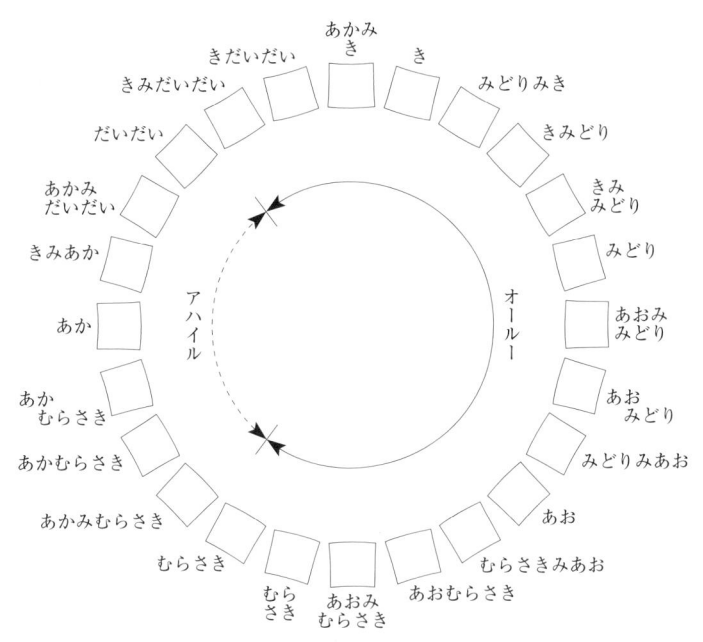

第6章 人は色をどう見ているのか

▶24色相環図と沖縄の赤と青 （常見，1972）

か否かの成熟度，という2つの基準によって分類されている。つまり各文化は色の分類においても，人々が生きていく上で重要な関心事にもとづいて色を独自に読み取り，分類を決定しているというわけである。

玉子の黄身は赤身か青身か

　植物の成長過程にもとづいた色の分類は奄美大島でも同様で，稲が色づくと「赤らんできた」とか，蜜柑が熟すと「真っ赤に，枝もたわわになっている」などという。ところが，玉子の黄身を北部沖縄ではオーミ（青身）というのに対し，奄美大島では赤身という。先述のように，どちらの文化も黄という分類はないから，黄身は黄身ではないが，青と赤の境界が異なり，黄は沖縄では青，奄美では赤に入るために違ってしまう，というわけである。実は本土でも，かつては広い地域で，青が黄も含んでおり，東北のある地方では，「菜の花畑がまっ青」といったという。

2 色を学ぶ

色の分類は学習するもの

　誰しも生まれながらに赤，青などと認識できるわけではない。子どもたちは環境の中のさまざまな色を，これは赤，これは青と，大人たちによって教えられる。色鉛筆，絵の具，色紙からも学ぶ。こうして文化を学ぶことによって色の見え方が決められる。

　常見の報告では，1960年代末の沖縄ではすでに，60歳代より少し下の人々はチールー（黄色）も分類していたというが，今日では多くの人々が虹は7色と見ている。この結果，今でも老人では虹が2色に見える人がいるから，家族で同じ虹を見ても，違って見えている，ということが起こっている。これも全国で内容が統一された教育，マスコミなどによって，ヤマト（本土）の文化が学習させられたためなのである。

　先のボディ社会の場合は，さまざまな牛の色の認識が，社会構造を支える重要な要になっており，子どもたちに遊びを通した色の認識を学習させる仕組みが作られている。人工の色から色の認識を学ぶ産業社会の子どもに対し，無限に存在する自然の色から学ぶため，多様な色の認識を学び得ているのである。

信号の色の学習

　英作文のテストで「信号が青に変わった」というのを The traffic light turned blue. と訳したら×。green でなければいけない。いったい「進め」は何色なのだろうか。大学の教室でも，青か緑かと尋ねると，6対4あるいは7対3くらいで青が多いが，緑派もかなりいる。正解は青だが，この青信号の歴史は，日本文化における色の認識が変化してきている実例を提供してくれる。

　多くの国で進めの信号は緑で，日本でも1930（昭和5）年に初めて導入された信号機は外国にならって緑のランプだった。ところがそれを見た当時の日本人は青信号と呼んだのである。法律上も緑信号となっていたのだが，皆が青信

号と呼ぶため，1947（昭和22）年には法律上も青信号に変更してしまったという。

このように緑を青と呼ぶ例は他にもいろいろある。グリーンピースと呼ばれている豆の日本名は，ミドリエンドウではなくアオエンドウ。また春の木の葉は緑だが青葉という。青ガエルは緑だし，青かびも青緑である。その他にも，顔面蒼白を真っ青になるともいう。これらは古代日本の文化で緑から白まで，広い範囲を青としていたためで，古くからの分類を学習してきた人々は，緑信号を青と認識したのである。

アオエンドウの場合は，後に英語の影響でグリーンピースという名が入り，人々は商品，店頭の表示や料理の本などで学習させられ，今日ではむしろグリーンピースのほうが一般的になっている。

また信号機の場合は，1973（昭和48）年以後取り替え，新設時に「青色と呼べるような緑色」に更新を開始し，現在は100％が青なのである。1930年当時緑は青という分類だったのが，本当に青ランプとなり，法律上も青信号とされ，現在子どもたちは青信号と教えられ，ますます青信号が一般的になってきているというわけである。このように，特定の文化の中でも色の認識は時間とともに変化するのである。

色を教えてもらわなかった豚少女

1987（昭和62）年8月28日の朝日新聞は，中国紙光明日報が報じた豚少女について伝えている。遼寧省の王先鋒ちゃん12歳は，親に豚小屋に住まわされ，豚と一緒に暮らしていた。豚が友達で，豚の乳を飲み，豚の歩き方を学び，豚のように這い回り，鳴声も豚と同じだった。9歳で発見された時の精神年令は3歳位で，人にはよそよそしかったが，その後3年間特別な保護を受けて正常になり，現在は漢字が600字以上読め，魚や人の絵を描き，歌をうたい，数も100まで数え，髪も櫛をいれ，顔も洗うようになったという。

しかし特に注目しなければならないのは，この先鋒ちゃん，発見された当時は男女の区別，そして色の区別ができなかったという点だ。彼女の育ての親は，乳の飲み方，歩き方は教えたが，色の区別は当然ながら教えなかったのである。ここでも，色は教えられることによって区別できるようになることがわかる。

3 文化というフィルターと自己認識

自分の目で見ているのか

　私たちは自分の目で見ていると思い込んでいる。しかし実のところ，私たちの目には文化というフィルターが取り付けられてしまっており，私たちはそれを通して見ているのである。そしてそのフィルターは民族によってさまざまで，同じ環境，同じ世界も，異なって見えているにもかかわらず，誰もが，どの民族も，自らの目で見える世界を信じて疑わないというわけである。

自己客観化と自己認識

　私たちはフィルターの存在に気づかない。しかし自らが文化というフィルターを通して見ているのだという事実を知ることこそ，私たちが自己を客観化し，自分，自分たちの真の姿を自己認識することにつながる。そうして初めて，私たちは狭い，自己中心的な見方から脱して，より広い視野から物事を，他の民族を，そして世界を考えることを可能にするのである。

＊情報源＊
加藤正春，1989，「2色の虹——赤と青をめぐる認識人類学覚書」『文化』第12号，駒沢大学文学部文化学教室
木山英明，1996，『文化人類学がわかる事典』日本実業出版社
常見純一，1972，「青い生と赤い死——日本文化とくに沖縄における古層的カラー・シンボリズム研究へのアプローチ」，大林太良編『神話・社会・世界観』角川書店
福井勝義，1977，「色彩の認知と分類」，『国立民族学博物館研究報告』4-4，国立民族学博物館
福井勝義，1991，『認識と文化　色と模様の民族誌』東京大学出版会

交通信号機がすべてわかるページ
　http://signal-net.sakura.ne.jp/

第7章 人は音をどう聞いているのか

1 音の聞こえ方は文化が決める

ポチは本当にワンワンと吠えているのか

　個人差はあるものの，人類の耳の仕組みは共通。音波が鼓膜を振動させ，脳に伝わって脳がそれを認識する。したがって，同じ犬の声はどの民族が聞いても同じ音として認識されるはずだが，実際は民族によって聞こえ方は異なる。日本人にはワンワンと聞こえるのに，アメリカ人やニュージーランド人にはバウアウ，中国人にはワァンワァン，ベトナム人にはゴウゴウ，タイ人にはホンホン，インドネシア人にはグゥググゥグ，フィリピン人にはハウアウ，モンゴル人にはホフホフと聞こえるという。無論犬の種類が違うからではない。ホフホフと聞こえる民族がいるなどといわれても，信じがたいが，犬の声を改めて聞いてみれば，必ずしもワンワンではないし，バウアウ，ホフホフなどと聞こえないこともない。

　そこでなぜワンワンと聞こえるようになったのだろうと思い返してみれば，子どもの頃，大人たちにワンワンと教えられたからに他ならないことに気づくだろう。私たちは犬はワンワン，猫はニャーニャーと教わったから，そう聞こえるようになったのだ。犬も猫も実際の声は一匹一匹，場合によっても違う。しかしそれを表現し，記憶し，伝達するためには，ある音に統一する必要がある。それが「聞きなし」であり，それぞれの文化が独自に決め，子どもたちに教えている。そしてそう教えられると，そうとしか聞こえなくなってしまうというわけなのだ。

象は何と鳴いているのか

　多くの日本人は，象がどう鳴いているかと聞かれても困ってしまう。これは日本には元々象はいないから，日本の文化では，象の声が決められていないためだ。したがって，動物園やテレビで聞いた場合，耳には聞こえて知覚はしても，認識できないから，表現のしようがない，ということになる。

　ところが1990（平成2）年頃，学生たちに象の声を尋ねたところ，多くの学生が手をあげ，「パオーン」だと答えた。驚いてなぜパオーンなのかと尋ねると，子どものころ見た人気アニメでそう表現されていたからだという。彼らは子ども時代，アニメによって象の声を学習させられたのだ。ところで今同じ質問をしても，大教室で手をあげる学生は数人しかいない。

　結局このパオーンは伝承されず，日本文化には，象の声の聞きなしは存在しない状態に戻ってしまった。ただ1990年当時の学生はそろそろ子育てを始めているから，彼らが子どもたちにパオーンと教え，20年程先には，また象の声がパオーンと聞こえる学生が増え，日本文化にパオーンが定着する日がくるかもしれない。

> **鳴き真似上手なニュージーランド人**
>
> 　外国人との動物の声談義は楽しい。披露された声に笑い転げることも多い。なかでも日本人には驚きなのがニュージーランド人で，実にたくさんの動物の声が表現できるだけでなく，本物が鳴いているのではと間違えるほどにリアルだ。これは牧畜を営む人が多く，野生動物も多いニュージーランドでは，身近に多くの動物がいるため，多くの動物の声の聞きなしがあり，伝承されているからだ。逆に彼らには，リアルでない上に数の少ない日本の聞きなしは妙に聞こえるのである。

大分のセミはカキクッテヨロシと鳴く

　ツクツクボウシというセミがいる。百科事典の見出しにも出ている。ところが，夏目漱石が『吾輩は猫である』の中で，ツクツクオシイかオシイツクツクか人によって分かれると記しているように，同じ日本人でも，地方によってどう聞こえるか異なるのだ。

　たとえば栃木県ではジュクジュクヨーシッ，甲府ではズクズクション，佐賀

県ではズクズクッショ，長崎県佐世保ではジージージュグジュグとなる。さらに新潟県ではジュクジュクヨーシと聞いて，柿が熟すのをセミが教えたと考えられており，茨城県ではカキアカルーメ，大分県ではカキクッテヨロシと聞きなしたという。また群馬県ではツクイッショーと聞き，このセミが多く鳴く年は米が豊作だといったし，鹿児島県枕崎では，カライモフトナレと聞きなした。カライモとはサツマイモのことである。

　ミンミンゼミの場合も，群馬県ではミーヨン，新潟県ではミミシャン，長崎県ではビャンビャンと聞きなした。他地方の例を聞くと信じられないが，これも同じセミの声に各地方の文化が異なった聞きなしを決定しており，それが子どもたちに伝承され，その結果そうとしか聞こえなくなってしまうためだ。

> **ウチナンチュ（沖縄県人）が東京のセミを聞くと**
> 　沖縄出身の学生にミンミンゼミはどう聞こえるかと尋ねたところ，東京に来てから聞いたことはあるが，どう聞こえるかはわからないという。そこでなぜわからないのかと尋ねると，答えは，沖縄にはミンミンゼミがいないから，というのである。文化によって規定されるのは当然人々が生活する環境の中に存在するものであり，存在しないものを規定するはずはないのだ。
> 　逆に東京人が夏の沖縄を訪れると，聞こえてくるセミの声は，どれも「方言」で鳴いており，どう鳴いているのかと問われても，答えようがない。東京の文化では，沖縄のセミの声は決定されていないからだ。
> 　ところがおもしろいことに，夏のソウルでは，聞こえてくるのはミーンミンミン，ジージーで，外国にいることを忘れてしまう「日本語」のセミ時雨が聞こえる。

ガラスの割れる音の聞こえ方

　擬音語，擬態語，つまりガラスが割れる音がガシャンと聞こえたり，雨が降るとザーザーと聞こえたり，のろのろ歩く，というのも同じだ。確かにいわれてみれば，雨は必ずしもザーザーと音をたてているわけではない。そう聞いているだけのことで，当然民族によって異なるし，雨が降らない所に住む民族なら，雨の音は表現しようがない，ということは当然起こる。

新しい音をどう聞くか

　新しい音が登場した時も，当初は認識不能となる。たとえば，かつて緊急車両はすべてサイレンをウーウーと鳴らしていた。これが現在のピーポピーポに変わった時，人々はその奇妙な音に驚くとともに，なんと聞こえているのか，なんと表現していいのか戸惑った。かつて日本には存在しなかった音だから，日本文化はこの聞きなしを決めていなかった。ところがやがて誰かの聞きなしたピーポが定着してピーポと聞こえるようになり，奇妙な音とは聞こえなくなったのである。

2　言語と聴覚

教えられるからこそ聞こえる

　日本人は英語のLとRが聞き分けられないし，いい分けられないというのは誰にも覚えのある話だ。日本人は語学習得能力に問題がある民族であるかのようにいう人さえいる。では三菱をミツビチとしかいえないニュージーランド人はどうなのだろう。ホンダの車をオンダとしか発音できず，ホンダとオンダは違うといわれても聞き分けられないフランス人はどうなのだろう。

　いうまでもなく耳や声帯の仕組みはどの民族も共通である。実際日本人であっても，子どもの時からニュージーランドで育てば，LとRの区別はできるし，フランス人であっても日本人に育てられれば，ハ行も聞こえるし発音できる。つまり人の声帯は本来多様な音を出せるのだが，そのうちどれを言語として利用したかが，民族によって違ったのだ。ある民族はLとRの違いを異なった意味を表現するのに利用し，ある民族は利用しなかった。そしてそれは子どもたちに教えられていき，利用されなかった音は，発音もできないし，聞き分けることもできないということになる。アラビア語ではTと舌を後に引いて息を出すもう一つのTはまったく別の音だという。これはイギリス人もフランス人も区別できない。別に日本人だけが語学音痴などということではないのである。

日本語といっても色々

　音声の認識は，外国語ばかりでなく日本の中でも地方によってかなり違う。江戸っ子がヒとシの区別ができなかったというのは有名で，昔は都電の車掌と地方から来た乗客の間で，日比谷行きか渋谷行きかでもめたという。東北や新潟では，ヒサエさんならぬヒサイさんがいたり，名簿で伊藤さんと江藤さんが一緒になっていたりしたのも，イとエの区別がないからだ。区別がなければ学んでもいないから，当然発音し分けることも，聞き分けることもできない。逆に，ある方言を学んだ人にしか発音も認識もできない音も，日本語の中にたくさん存在するのである。

3　文化と音環境

文化というフィルター

　音波は空気の振動であり，それが鼓膜に伝わり，脳が認識する。耳の仕組みは人類共通だから，同じ波形ならどの民族にも同じ音に聞こえるはずだし，異なる波形なら異なる音として聞こえるはずである。しかしそれを脳がどう認識するか，あるいは認識しないかが，文化によって教えられた結果に左右される。色の場合同様，私たちの耳にも，文化というフィルターが取り付けられてしまっているのだ。知覚は生理学的な問題だが，認識は文化によって規定されるのである。

環境の認識と文化

　異なる波形の音も，同じ音としてしか認識しない民族にとっては，違いは存在しないのと同じことであり，違う音として認識する民族にとっては，あくまで違う音である。すなわち，私たちは同じ音を同じように聞いているとは限らないわけで，同じ音環境の中にいても，実は異なった環境に生活していることがある，ということを認識すべきだろう。

＊情報源＊
　夏目漱石，1967,『我輩は猫である』河出書房
　川名興，1985,「蝉（ツクツクホウシ）の聞き做し」『未来』229号，未来社

第8章　食，味覚と文化

1　食べるものと食べないもの

文化が可食，不可食を決める

　人は雑食である。とりわけ中国人は，空を飛ぶ物で食べないのは飛行機だけ，四本足で食べないのは机だけ，などといわれ，蛇，亀，センザンコウ，トカゲ，鳩，燕の巣，熊の手，犬，猫と何でも食べる。しかし他方，その中国人も日本人が食べる鯨などは食べない。

　ではいったい人は何を食べ，何は食べないのだろうか。岩を食べる民族がいないのは，人の歯が噛み砕けず，胃腸で消化できないからで，まったく生理学的な理由だ。しかし牛肉も蛇肉も犬肉も，どれも人の胃腸が消化できないものではない。にもかかわらず，ある民族は牛肉は食べるが蛇肉は食べなかったり，犬肉は食べてはいけなかったりする。つまり，何を食べ物とするか，食べてよいとするかは，生理学的要因とは別に，文化によって決定されているのである。

ゲテモノとは何か

　日本人には大変なゲテモノである蛇や犬，猫を平気で食べる中国人が，日本人のご馳走である刺身はゲテモノだという。カリブーの生肉を食べるイヌイットも，納豆に吐き気を催すかもしれない。要するに自分たちの文化で食べ物とされていないもの，食べてはいけないとされているものを，食べている場合に，ゲテモノとして気味悪がるのである。

　蛇など食べるのは絶対に気持ちが悪い，野蛮だ，としか思えないという人も

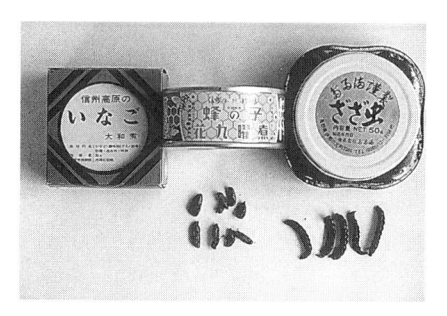

▶いなご，蜂の子，ざざ虫

いるだろう。しかしそういう人は，蛇と知らずに食べても吐き気がするのだろうか。もちろんしない。ところが後であれは蛇だったと聞かされて，そこで初めて吐き気がする。つまり，蛇が絶対的ゲテモノなのではなく，文化的にゲテモノであるにすぎないのである。

信州人はゲテモノ食いか

　日本人同士でも，地方による食文化の相違から，ゲテモノが生まれる。とりわけ有名なのが，信州人の食べる，いなご，蜂の子，ざざ虫，蚕のさなぎなどで，これらは他地方ではほとんど食べない，食べ物とはされていないものだからだ。しかし当の信州人は，昔から食べ物とされてきたものを食べているだけだから，当然自分たちがゲテモノ食いだとは思っていない。他地方でそうした物を食べないことを知らない信州人が，ゲテモノ食いといわれて驚いてしまうのである。

鯨を食べる日本人は野蛮人か

　日本の捕鯨は世界中で総スカンをくっている。まして鯨肉を食べたことがあるなどといえば野蛮人扱いされかねない。しかしこれは単に種の保護，資源保護，といった問題ではない。たとえ太平洋に鯨があふれるほどいても，養殖に成功したとしても，総スカンは変わらないだろう。それは元々鯨を食べていた一部の民族を除いて，鯨は食べ物とされず，あるいは食べてはいけないとされ

第8章 食，味覚と文化

> **ゲテモノ番組は俗悪番組**
> 　外国の，とりわけアジア，アフリカなどの途上国の食物を，日本人タレントに食べさせ，大騒ぎする，といった番組が時折見られる。こうした番組がとんでもない俗悪番組であることはもう明らかだろう。それぞれの民族はそれぞれの文化で食材を選び，調理している。それを他の民族が，自分たちの文化を尺度にして，自分たちが食べないものを食べているから，気味が悪い，野蛮だと非難したり，笑いの種にしたりするのは，相手の民族の文化を馬鹿にした低俗番組でしかない。これは逆の立場を考えてみれば良くわかる。タイのテレビ局がタイ人タレントをつれてきて，刺身を食べさせ，悲鳴をあげて気味悪がる様子をタイで放送したら，日本人は自分たちの食文化を馬鹿にされたと腹が立つだろう。

ているからだ。それゆえ，鯨を食べること自体が大変に気味の悪い，野蛮なことに見えてしまう。私たちが，どこかの民族が猿を食べると聞いて残酷，野蛮と思うのと同じことなのだ。

2　食のタブー

食べてはいけないのは何か

　何を食べてはいけないかは，文化によって，すなわち民族によって異なる。しかし，全般的傾向として，不可食とされているものは指摘することができる。まず動物と植物を比較すれば，明らかに動物の方が多い。動物でも魚，鳥，は虫類，ほ乳類の順で不可食が増える。ほ乳類の中でも特に猿，犬，猫はタブーが強い。すなわち，人と近いものほど強いタブーになるのである。

　ある生き物を食べるということは，その生き物の身体が自らの身体の中に入り，身体の一部になることだ。ところで身体は，自らのアイデンティティの基礎だが，その身体に他の生物の身体が入り込むことは，自らのアイデンティティを不明確にする。今，目の前にいる豚を食べれば，しばらく後には自分の身体の一部になる。一生の間にはたくさんの豚を食べるのだから，自分といっても，実は本当に自分なのか，それとも豚なのかそれほど明確なわけではない。考えてみれば生き物を食べるとは，ずいぶんと恐ろしいことなのだ。なかでも

アイデンティティを不明確にするのは，自らに近いものだから，植物よりも動物，動物でもほ乳類，さらに犬，猫，猿と，人に近くなるほどタブーが強くなるというわけである。

究極のゲテモノ——人肉

　ゲテモノ中のゲテモノは人肉である。聞いただけで寒気がする。しかし人肉を食べれば本能的に吐き気がするわけではないのは，歴史上多くの人肉食事件が起きていることからも明らかだ。自分のアイデンティティの基礎は身体だから，自分を確認する上で，自分の身体と他の人の身体の境界を明確にすることは不可欠。それゆえ私たちは他人と肌が触れることを嫌悪する。さらにこれが食べるということになれば，その人の身体は自分の身体の一部となる。これでは自分の身体と他人の身体の境界が不明確になってしまう。人と豚は異なる生き物だが，人どうしでは元々境界が不明確だから，これほどに恐ろしい食べ物はない，とされるのである。

納豆は腐った豆か——発酵と腐敗

　オーストラリア，ニュージーランドには，トーストに塗って食べるベジマイトという発酵食品がある。野菜を原料とするスプレッドで，一見チョコレートに似ているが，ほとんどの日本人には，猛烈な臭いをかいだだけで気持ちが悪くなるような代物である。ところがオーストラリア，ニュージーランド人の多

▶ベジマイト

くはこれが好物で，パンに塗るだけでなく，湯で溶いてスープのように飲む人までいるという，常備食品なのである。

日本でも，多くの関西人にとっては，納豆もゲテモノ。最近は関西のスーパーにもかなり並ぶようになったが，店によっては納豆というと甘納豆が出てきたりする。あんなくさい物は食べられない，と口にしようともしない人も多い。関西人には，納豆は腐った豆なのである。

その関西人が高級品として好むのが，琵琶湖の鮒で作ったなれ寿司だが，長期間樽漬けにするからくさい。その香りがいいのだというが，他の地方の人には，腐った魚としか思えない。

発酵と腐敗は，実は化学的には同じこと。人々が有用なものとすれば発酵で，良い香りとなり，無用または有害な場合は腐敗で，くさいとされる。つまり発酵と腐敗は文化によって規定されるのである。ヨーグルトを食べる民族には，牛乳がヨーグルト菌によって発酵した食べ物だが，食べない民族にとっては単に腐敗したくさい牛乳でしかない，ということになる。

宗教も気持ち悪さを作る

イスラム教徒にとって豚は汚れた動物であり，豚肉は食べてはいけないと子どもの時から教えられている肉だし，鶏肉，牛肉はアラーに祈りを捧げてから屠殺したハラール肉のみ食べることができる。それゆえ万一豚肉を食べてしまったら，大変に気持ち悪く感じてしまうことになる。いわば宗教という文化が気持ち悪さを教えるのである。

ところがアラブ人の中には，ハムなど見たこともないという人もおり，日本に来たばかりで，サラダに入っているのをうっかり食べてしまい，豚肉と教えられてあわてて吐き出す，などということが起こる。証券会社員でも豚肉と関係ある会社の株を取り引きすることもできないというほど戒律が厳しいのだが，それほど気持ち悪いはずの豚肉も，知らないで食べてしまえばなんとも感じないのである。

---

3 味覚と文化

おいしい，まずいとは

人類は単一の種だから，味蕾の数が違う，といった差はあるが，味覚を感じ

る能力は基本的には同じ。ところが，ある民族においしいものが他民族にもおいしいとは限らない。先のベジマイトも子どもの時からおいしいスプレッドとして与えられているニュージーランド人などには，欠かせないおいしい味だが，ほとんどの日本人には，まずいどころか，くさくて蓋をあけるのも嫌という味なのだ。しかし日本人でもニュージーランドで育ち，子どもの時からベジマイトを食べ続けていれば，おいしいと感じるようになる。まずい味，おいしい味というのも，多分に文化によって決められているのである。

表現不能の味

　一つの味をある民族は表現できるが，別の民族には表現できないことがある。またある民族には異なった味でも，他の民族には同じ味と表現されるといった例も多い。これは，甘い，辛いといった味の分類は各文化が独自に決定しており，人類共通のものではないからだ。先のベジマイトも，たとえ味わったとしても，どう表現するかと問われれば，困ってしまう。甘い，辛い，苦い，酸っぱいといった日本文化による味の分類，表現を越えた味なのだ。食品が舌の味蕾を刺激するまでは同じでも，それを何という味として認識するかは，それぞれの文化によって決められる。日本の文化では，ベジマイトの味がどんな味かは決定されていないから，舌に味は感じても表現することは困難ということになる。

　また日本では，塩もコショウも，辛子も，ワサビも，皆辛いと表現する。ところがニュージーランド人なら塩は salty，コショウ，辛子，わさびは hot。これも味の分類が文化によって異なるためである。

＊情報源＊
三橋淳，1997，『虫を食べる人びと』平凡社

ざざ虫
　http://www.valley.ne.jp/~zaza/mokuji.htm
ベジマイトホームページ
　http://www.vegemite.com.au/index.asp?area=1

| 第9章 | なぜ美しい風景は美しいのか |

1 見る目と風景の見え方

地理学の目で風景を見た志賀重昂

　住み慣れた街でも，夜外出することがない人の目には，夜の街は違う街のように見える。吉報を聞いた日と，悲報を聞いた日でもまったく違って見える。同じ人にとっても，同じ風景が同じに見えているわけではない。風景は，見る目によって異なって見えるものである。

　江戸時代までの日本人には，欧米流の地理学という知識はなかったが，『日本風景論』で知られる志賀重昂は，それまでの山水風土重視の日本人の目とは異なった，地理学，地勢学という目で日本の国土を見た。そしてこれまで誰にも見えていなかった新しい風景を発見した。火山の形は溶岩の質を反映したものであるし，渓谷は水流，岩石の質によって決まる。志賀には，ある山の形は溶岩の質と結び付いて見えた。こうして志賀は風景の地理学的解釈という新しい見方を説いたのである。

民俗学の目で風景を見た柳田国男

　オフィスビルやマンションの完成予想図には，書類の山も洗濯物も，それどころか人の姿も描かれていないものが多い。また景勝地で記念写真を撮ろうとしたときに，他のグループや犬猫が通りかかったら，いなくなるのを待って撮る。現実には日々生活する場であり，その日その時，他人や犬猫はそこにいたにもかかわらず，私たちはしばしば生き物を風景から消し去ろうとする。

これに対して民俗学者柳田国男は，人や動物のいる風景を重視するべきだとした。すなわち，それまでの人のいない山水，名所名勝主義の風景論ではなく，農家の人々が耕作にいそしみ，黄金色の穂が首を垂れ，果実がたわわに実る，人と農作物が織りなす生活感ある風景を重視した。また牛馬が農耕に働き，草をはみ，鳥や虫が舞う風景も重視し，動物たちもまた風景構築の主体の一部と考えた。つまり柳田は，風景を生活から見る，という新しい目を強調したのである。

2　美しい風景の見え方

美しい風景は，誰にでも美しいのか

　幼児は美しい風景を鑑賞することはない。景勝地に連れていっても，嘆声をあげる大人とは違って，子どもたちは風景には目もくれず，「早くお弁当にしよう」，「アッ，猫だ」などと，関心は他のことにいってしまう。大人でも，同じ風景にたいそう感動する人もいれば，何とも思わない人もいる。雪国の人々には，雪景色は美しいどころか白魔にしか見えないし，砂漠の民には，地平線に沈む夕日よりも水の豊かな風景こそが美しい。どんな風景も，誰にも同じように美しいわけではないし，どの民族にも同じように美しい風景が存在するというわけではないのである。

風景の見方は学習される

　多くの日本人が美しい風景と思うマンハッタンの摩天楼の写真を見て，ある伝統的な生活を営むアフリカ人の女性は「よくレイアウトされた畑ですね」という反応をしたという。私たちは写真が 3 次元の立体を 2 次元の平面に置き換えたものであることを知っているし，写真に写った風景を元の立体像に変換しなおして，そこに現実の風景を見ることができる。また風景を平面の絵に描くこともできるし，絵を現実の風景に変換することもできる。しかしこうした能力は学習されるものであり，生まれながらに備わった能力ではないことは，子

第9章 なぜ美しい風景は美しいのか

どもの描く絵を見れば容易にわかる。先のアフリカ女性にとっては，ビルなど見たこともないもので，写っているものが何であるか見当もつかなかったし，写真自体見たことがなかった彼女にとって，それを3次元に復元するなどということは学習したこともない。それゆえ，窓が並ぶ長方形のビル群は，四角く区画された畑だろうかと考えた。美しいか否か以前の，わけのわからないものとしか，認識できなかったのである。

美しい風景は学習される

　子どもたちは海，山，高原といった景勝地で，周囲の大人からそれが美しい風景であることを教えられる。雪が降れば，雪景色の美しさが教えられる。テレビや映画の画面，雑誌，ポスターなどの写真，絵画，詩歌などによっても，子どもたちはどんな風景が美しいかを学習させられる。逆に，子どもの時から雪が恐ろしい魔物であることを教えられた雪国の人々は雪景色を美しいと思わないし，摩天楼という風景が存在しない社会に育った人々には，それが美しいものとは教えられていないから，単に不可解なものにしか見えない。要するに私たちは生まれながらに美しい風景を美しいと思うわけではない。美しい風景は文化によって決定され，学習されることによって，初めて美しい風景として認識されるのであり，それゆえ，子どもは美しい風景を美しい風景と認識しないし，民族によっても異なる，ということになるのである。

3　なぜ美しい風景は美しい風景になったのか

日本三景，金沢八景という景勝地

　宮島（広島県廿日市市），天橋立（京都府宮津市），松島（宮城県松島町）は日本三景と呼ばれ，日本を代表する美しい風景とされるが，なぜ日本を代表する風景が3つなのだろうか。他にも3つセットにされた美しいとされる風景には，大和三山（奈良県），上毛三山（群馬県），出羽三山（山形県）や，後楽園（岡山県岡山市），兼六園（石川県金沢市），偕楽園（茨城県水戸市）という日

73

▶兼六園

本三名園もある。

　かつて横浜市金沢区の東京湾岸には金沢八景と呼ばれる景勝地があった。現在は埋め立てられて，駅名と八景島シーパラダイスというテーマパークに名を残すだけだが，江戸時代，東海道の旅人が立ち寄り，鎌倉と並ぶ江戸の人々の格好の小旅行地だった。ここで美しいとされる風景が，平潟の落雁，称名寺の晩鐘，内川の暮雪，乙艫の帰帆，野島の夕照，洲崎の晴嵐，小泉の夜雨，瀬戸の秋月の八景だったのである。他にも八景と呼ばれる景勝地は琵琶湖の近江八景，江戸八景，水戸八景など各地に存在するが，異なった場所であるにもかかわらず美しい風景は8つとされ，落雁，晩鐘，暮雪，帰帆，夕照，晴嵐，夜雨，秋月が美しいという中身まで同じなのである。

　他にも百景と呼ばれる風景は，歌川広重の名所江戸百景をはじめ，日本百景，新日本百景，日本観光地百選，富嶽百景，東京百景，新東京百景，品川区百景，新大田区百景，そして日本百名山など現代に至るまで各地で選ばれている。

パターン化された整合美

　外国では絵葉書はばら売りが普通であるが，日本では通例セット売りであり，しかも，多くは8枚セットだ。8枚以外の場合も，倍数の16，24枚が多い。各景勝地によって，美しい風景が何カ所あるかは異なるはずだが，代表的な美しい風景として選ばれるべきは8カ所と，あらかじめ決められている。それゆえ時には，首をかしげたくなるような風景までセットに含まれてしまう。

第 ⑨ 章　なぜ美しい風景は美しいのか

▶武陽金沢八景図（歌川広重画　多喜斎原図　金龍院版）

　三羽烏，四天王，七福神など，数をつけて呼ぶ特定の内容を持った語は名数と呼ばれるが，風景の場合も，初めに3，8という枠があり，その中身も，すでに決められた美しい風景に合致したものが選ばれているのだ。三景，八景として選ばれたもの以外にも風景は多数あるはずだが，美しい風景はすでに決定されたパターン化されたものであり，さらに8という枠も決定されているわけで，そうしたパターン，8という数字に整合した風景こそ美しいとされているのである。

みんながいうから美しい

　名所といわれながら，実際に行ってみるとがっかりさせられるという場合は多い。有名観光地でも，飛び抜けて美しい風景とは限らない。実は，そうした名所の多くが，いわゆる歌枕だ。歌枕は詠みつがれた歌の伝統の上に成立した地名で，吉野といえば桜，飛鳥川といえば人の世の無常というように，類型的な連想作用を促す。それゆえ，詠み手は訪れたこともない土地を詠む場合も，連想関係を利用して，古歌の情趣や自分の心情を表現するようになり，さらにそれが，大和絵における名所の風景描写などにも影響を与えるようになった。

75

▶天橋立股覗き

　その上中世には，山，嶺，野，江，沢，海など，詠むべき名所自体が列挙，集成されるようになった。こうして万葉集などでうたわれ，それが本歌取りされて次々引用され，文学という想像の世界の中で選別が生み出され，流行の風景が作られ，名所として固定していった。そうして作られた名所の風景を，私たちは名所だからという理由で訪れるのであり，実際の風景との落差に落胆させられる，ということになる。

　要するに日本人の風景の見方は，観念的，類型的であり，自分の目で見ているというよりは，すでに決められたものを皆が見せられ感じ入る，という見方なのだ。柳田国男が文芸の専制と批判しているように，見るべき風景は文芸によって決められてしまっているのであり，名所は押し売りされた風景なのである。

風景の見方も押し売りされる

　天橋立を観光する人はほとんどが，天橋立の北の丘の上にある傘松公園に登り，海上を延びる砂州である天橋立を眺める。無論ここ以外にも天橋立を見ることができる場所は無数にある。もしかすると反対側の丘の上や海上，天橋立の砂州の上から見たほうが美しいかもしれない。それでも，昔から傘松公園から眺めるのが一番美しいとされているから，そこに行く。傘松公園には股覗き台が設置され，皆それにのって足を広げ，股の間に首を突っ込んで天橋立を覗いてみる。そうすると天にかかる橋のように見え，最も美しいとされているか

第9章　なぜ美しい風景は美しいのか

らであり，どのガイドブックにもそう説明され，みんなが現地でそうしているからである。

このように私たちは，文学者，画家，写真家などの芸術家，そしてマスコミによって選ばれた風景を，まなざしや身体の動かし方までも，決められた通りに見ているのであり，自らの目で見た風景というよりは，押し売りされた風景を見ているのである。

中国人の目をしたエリートたち

朝鮮半島，中国にも八景はある。というよりも，実は八景は中国発祥であり，風光明媚な湖南省洞庭湖周辺の美しい風景が瀟湘八景と讃えられてきた。これが日本に伝えられて各地に八景が生まれたのだ。文学者，画家といった日本のエリートたちは，中国の文学，絵画などから，中国人が美しいとする夕照，秋月などを美しい風景として学び，そうしたフィルターを掛けた目で日本の風景を眺め，八景を作り上げていった。金沢八景の場合は，内川入江と，それを取り巻く岬，島々，丘陵の景観の中から選ばれたが，それぞれの名を決定づけたのは，水戸光國が中国から招いた高名な僧心越禅師が詠んだ漢詩なのである。

青い目をした明治のエリートたち

明治になると，新たに欧米の目が持ち込まれることになる。国木田独歩は武蔵野の雑木林の美を描いたが，それまで日本人は，雑木林が美しいととらえる

▶蘆花恒春園

目を持っていなかった。農民にとって雑木林は，日常見慣れた風景であるとともに，燃料，食料などを採集する労働の場でもあった。通例，生活に追われて働く日常の労働の場を美しいと思うことはない。毎日海を見，海を自然との戦いの場とする漁師が海を美しいと思わない，雪を白魔と見る雪国の人が雪景色を美しいと思わないのと同様だ。ところがクリスチャンであり，英語教師でもあった国木田は，ワーズワースの自然と生活への視点，ツルゲーネフの『あひびき』の影響により，落葉林の詩趣を理解するに至り，武蔵野の雑木林を描いた。いわば欧米の目で武蔵野を見て，美しい風景として描いたのであり，それが知識層の武蔵野趣味，田園散策流行をもたらし，人々に雑木林を美しいものとして見る目を与えていったのである。

　徳富蘆花も日本の自然を，シェークスピア，ワーズワースなど欧米文学のテーマや紋切型の表現を通して描き，トルストイの生活を真似てキリスト教と田園生活に帰依した。東京都世田谷区の蘆花恒春園は，田園生活に憧れた徳富が住み，自然に囲まれた生活を楽しんだところである。田園生活を理想とする欧米の目で，当時の日本人にとっては生活の場であった田園を見，描いた彼の文学もまた，日本人に，田園を美しいと見る新しい目を与えたのである。

　地理学という欧米の目を持った志賀重昂は，1913（大正2）年，木曾川とその支流飛騨川との合流点から愛知県犬山市まで約13キロの峡谷を日本ラインと名づけた。このラインとはlineではなく，ローレライなど美しい渓谷で知られるライン川のRheinなのだ。彼もまた「誠に是れ一幅ラインの縮図」と，欧米の目で日本の風景の美を讃えたのである。

　日本アルプスの名もまた，岩峰，雪渓の多い高山的風景がヨーロッパアルプスに似ているからと付けられたもので，イギリス人鉱山技師ガーランドが1881（明治14）年，自ら登った飛騨山脈を日本アルプスと呼んで賞賛したのが始まりである。後に日本近代登山の父といわれるイギリス人宣教師ウェストンが飛騨，木曾，赤石の三山脈を総称して日本アルプスとし，ウェストンの影響を受けた登山家小島烏水が『日本アルプス』の中で，今日のように，飛騨山脈を北アルプス，木曾山脈の駒ケ岳連峰を中央アルプス，赤石山脈を南アルプス，総称を

日本アルプスとした。そして今日では大和アルプス（大峰山脈）から鎌倉アルプスまで，各地にアルプスを冠した山々が登場しているが，日本人に元々山岳信仰の対象であった高山を美しいと見る目があったわけではなく，深山幽谷の美を発見したロマン派に影響された欧米の目が持ち込まれた結果なのである。

アメリカ人の目をした戦後エリートたち

今日でも，こうした欧米の目で日本の風景を見て美しい風景とされる例は多いが，戦後特に持ち込まれたのはアメリカの目である。伝統的な旅館街でなく，鉄筋コンクリート造りのホテルが並び，新婚旅行先としてももてはやされた熱海（静岡県）の夜景は，マンハッタンの摩天楼の夜景に似ているから美しいというわけで「100万ドルの夜景」と呼ばれた。同様に江ノ島海岸（神奈川県藤沢市）は「東洋のマイアミビーチ」，三浦海岸（神奈川県三浦市）は「東洋のデートナビーチ」である。近年ではお台場（東京都港区）から見た都心の風景が「東京マンハッタン」とされるし，そもそも新宿副都心（東京都新宿区）をはじめとする各地の超高層ビル街自体が，アメリカの富と力の象徴マンハッタン超高層ビル街への憧れを背景にしたものといえよう。

4 自己認識と美しい風景

感性の共同体

美の尺度は人々によって作り上げられ，継承され，それによって人々の思考，行動が左右される文化の一要素である。私たちがそうした美の尺度を共有することは，文化の他の諸要素同様に，一つの民族，共同体としての連帯の背景となるものであり，美の尺度の場合は，とりわけ「感性の共同体」としての日本を支える。

自己客観視と自己認識

私たちは自分の目で風景を見て，美しい風景を自分で美しいと思い，愛でて

いると思っている。そして同じ風景を美しいと感じる私たちは，同じ日本人だと感じている。しかし，そもそも風景という語自体が景色，山水などと同様に中国からやってきたものであるように，そうした私たちの目は，実はかつては中国文化から，そして明治以降は，日本のエリートたちによって欧米文化から持ち込まれた目，というフィルターを掛けられた目なのである。そうした自分の目を客観視することこそ，日本文化を見つめ，日本人としての，そして日本人の一人としての自己を認識することに不可欠なのである。自分はどのように世界を見ているのかを知ることは，それでよいのか，どう見るべきなのかを次に考えていくための第一歩といえるだろう。

＊情報源＊
岩田慶治，1992，『日本人の原風景　自分だけがもっている一枚の風景画』淡交社
内田芳明，1992，『風景とは何か　構想力としての都市』朝日新聞社
小木新造，1995，『江戸東京学への招待　1』日本放送出版協会
国木田独歩，1972，『武蔵野』岩波書店
小島烏水，1975，『日本アルプス』大修館書店
櫻井進，2001，『江戸のノイズ　監獄都市の光と闇』日本放送出版協会
佐藤健二，1994『風景の生産・風景の解放　メディアのアルケオロジー』講談社
志賀重昂，1995，『日本風景論』岩波書店
杉浦芳夫，1996，『文学のなかの地理空間　東京とその近傍』古今書院
徳富蘆花，1958，『自然と人生』岩波書店
徳富蘆花，1971，『不如帰』岩波書店
樋口忠彦，1981，『日本の景観　ふるさとの原型』春秋社
オギュスタン・ベルク，1990，『日本の風景・西欧の景観　そして造景の時代』講談社
柳田国男，1963，「風光推移」『明治大正史世相篇』（定本柳田国男集24），筑摩書房
柳田国男，1997，『雪国の春』（定本柳田国男集9），筑摩書房
Brown, Ina Corinne, 1963, *Understanding Other Cultures*, Prentice Hall, Inc

天橋立
　　京都府宮津市役所　http://www.city.miyazu.kyoto.jp/
　　天橋立観光協会　http://www.amanohashidate.jp/
近江八景

大津市歴史博物館　滋賀県大津市御陵町2-2　http://www.rekihakku.otsu.shiga.jp/
偕楽園　茨城県水戸市常盤町1-3-3
　　茨城県水戸市役所　http://www.city.mito.lg.jp/
　　水戸市観光協会　http://www.mitokoumon.com/
金沢八景
　　神奈川県立金沢文庫　神奈川県横浜市金沢区金沢町142
　　金沢八景のページ　http://www.yokohama-kanazawakanko.com/course/hakkei/hakkei001.html
兼六園　石川県金沢市兼六町1-4
　　石川県金沢市役所　http://www.city4.kanazawa.lg.jp/
　　金沢市観光協会　http://www.kanazawa-kankoukyoukai.gr.jp/
後楽園　岡山県岡山市後楽園1-5　http://www.okayama-korakuen.jp/top.cgi
徳冨蘆花
　　世田谷区世田谷文学館　東京都世田谷区南烏山1-10-10　http://www.setabun.or.jp
　　東京都立蘆花恒春園　東京都世田谷区粕谷1-20-1
勿来関
　　福島県いわき市役所　http://city.iwaki.fukushima.jp/
　　いわき市観光協会　http://www.asaka.ne.jp/~kaigisyo/isk06_17.htm
　　勿来関文学歴史館（歌枕）　福島県いわき市勿来関田長沢6-1
日本ライン観光　http://www.nihon-rhein.co.jp/
松　　島
　　宮城県松島町役場　http://www.town.matsushima.miyagi.jp/
　　松島観光協会　http://www.matsushima-kanko.com/

第10章　なぜ美人は美人なのか

1　美人は男の本能が決めるのか

美人像は人によって異なる

　美人とは「顔・姿の美しい女。美女，佳人。麗人」であり，美とは「美しいこと，立派なこと，哲学用語で，知覚，感覚，情感を刺激して，内的快楽をひきおこすもの」とある（広辞苑）。どうも抽象的だが，もっと現実的には「どんな女性が美人かは理屈ではない。男の本能みたいなもので，見ただけでわかるのだ」というような人も多い。しかし，身近な例を思い出してもわかるように，同じ女性を，ある人は美人といい，他の人はそうはいわない，といった例はいくらもある。

▶原節子（「風ふたたび」1951年, 東宝）
（写真提供：『原節子時代キネマ』HP）

美人も世につれ

　スーパースター原節子が出演した1953（昭和28）年の映画『東京物語』を学生たちに見せた。すごい美人だと思うという学生は，400人近くもいる教室でほんの2，3人である。まあ美人だと思う，というのも数人にすぎない。絶世の美女も形なし，同じ日本人で，わずか半世紀の間にこうも違う。

　同じように，浮世絵の江戸美人なども，現代人の目には美人には見えないし，ましてオ

カメの平安美人は，美人どころではない，ということになってしまう。

イヌイットにはマリリン・モンローなど問題外

こうなると，美人は男の本能でわかる，というのはかなり怪しくなるが，さらに民族差も大きい。昭和30年代に，まだ石器時代同様の暮らしをしていたニューギニアのダニ，モニの人々と生活をともにして取材を行った朝日新聞の本多勝一は，『ニューギニア高地人』の中で，美人投票に失敗した話を記している。男性たちにエリザベス・テーラー，ソフィア・ローレン，イヌイットの少女マータ，ボルネオのダヤクの美人，インドネシアの女優ティティエン・スマルニ，アメリカの歌手キャロル・ウェルズ，そして日本の女優吉永小百合，倍賞千恵子などの写真を見せて，美人コンテストを試みた。一人ずつ面接を始めたが，ダニの「悪役」氏は質問には答えず，逆に「これが全部お前のワイフか？」と質問。モニのコボマは「全部いい女だ。でもワシは年寄りだからもうダメだ」。コボマの息子のキギビタメは「全部良くないね。一番いいのはあれだ」と彼の妻を指さした。といった具合で見当違いのことばかり答え，美人投票にならなかったという。

こうした反応は驚きと好奇心を示したもので，彼らには写真の美人たちが，美しいとか，色気を感じるとか以前の，単に珍しい存在にしか見えなかった。しかし彼らも，自分たちの民族の女性ならば，たちどころに順位づけができただろう。逆の例を考えてみても，日本人がダニ，モニの人々の顔写真を見せられても，誰が美人か以前に，失礼ながら誰が女性かもわからない場合も多いだろう。美人は男の本能でわかるのなら，そんなことはあり得ない。

本多は『カナダ＝エスキモー』でも，同様な美人投票の結果を紹介している。ここでは投票は成立したが，イヌイットの男性たちが選んだのは，イヌイット美人の他に，吉永小百合，倍賞千恵子だった。彼らは自分たちの民族の女性，そして人種的に近い日本人の女性を選んだのだ。要するにモンゴロイドに美人の基準があり，欧米的になるほど，不美人とされたわけである。さらにここで注目しなければならないのは，「マリリン・モンローなど順位の付けようもな

い」と酷評する男性たちの中で，ムラ一番のインテリであるカヤグナだけが，アメリカのファッションモデルを上位にあげたことだ。実は彼は，ムラでただ１人，カナダ人の教師が教える学校に行った男性だったのである。

2 美人は文化が決める

文化が決める美人

　これらの事例からわかるのは，美人の尺度は，必ずしも生まれつき，本能的にわかる，などというものではなく，文化によって定められ，学習されるものだ，ということである。その場合文化は，当然自分たちの民族の女性に関してどのような女性が美しいかを決定しているのであり，見たこともない人種に対して尺度が決められているはずがない。それゆえ，見たこともない人種の写真を見せられても，美しい美しくない以前に，誰が女性かも定かでなく，単に驚きの対象にしかならない。他方，異民族であっても，人種的に近ければ尺度を準用できるから，イヌイットの男性たちには，日本の美人が美人に見えた。そしてカヤグナだけは，欧米人の学校で，欧米人の美人の尺度を学習してしまったために，欧米人の美人を美人と見るようになった，というわけである。

ろくろっ首は美人か

　タイ北部の少数民族パダウンの女性たちは，首のまわりに金属の輪を重ねていき，だんだんと首を伸ばしていく。輪をはずすと首が折れてしまうから，一生付けたまま暮らす。パダウンの文化では，首が長いほど美人とされているのである。

　エチオピアのムルシの女性は，下唇を輪ゴムのように引き延ばし，直径10センチ程もあるデヴィと呼ばれる皿をはめ込む。デヴィを付けるのが正装で，男性に食事を出す時には必ず付けるし，これが大きい程美人とされており，結納の牛の数も増える。

　中国の纏足は，3，4歳の女児の足を包帯状の布で縛り，5，6歳になると

第10章　なぜ美人は美人なのか

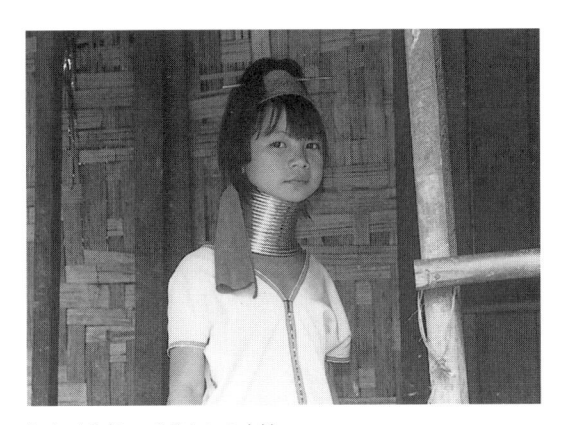

▶タイ北部，パダウンの女性
(写真提供：久保田文幸氏)

▶エチオピア，ムルシの女性
(写真提供：(株)オープンドア)

纏足用の靴を履かせて，足の成長を10〜13歳位で止めてしまうものだが，金蓮や春笋とも呼ばれ，粽に似るほどよいともいわれた。身体が華奢になり，アヒルのような歩き方も男性にとって魅力的だったという。

こうした世界の美人たちに，日本人の男性が出会っても，ただただ驚くだけで，誰が美人かどころではなくなってしまうに違いない。各民族，文化はこれほどに独自の尺度を持っているのである。

3　民族のアイデンティティと美人像

平均顔が美人とはどういうことか

コンピュータを用いて，複数の顔を合成した顔を描き出す研究をしている原島博によると，平均顔は美人だという。平均顔とは，鼻，耳，目，口などの形，配置などが平均的な顔で，それが美人だというのである。ということはすなわち，各民族は自分たちこそ美しいと考えているわけで，他方で異民族は美しくないとされることになる。

85

白人は神様の失敗作

　マレー人の伝説では，人は神が粘土をこねて窯で焼いて作ったとされるが，最初にできたのは，慣れない作業のため焼きすぎてしまい，黒く焦げ，髪は縮れてしまうという失敗作で，これが黒人。前回の失敗を反省して2度目には早く窯から出したところ，今度は早すぎてしまい，生焼けの失敗作，白人ができてしまった。2度の失敗をふまえて，最後に立派に作り上げられたのが，自分たち褐色のマレー人だ，というのだ。文字通り自分たちこそ美しく，他民族は美しくない，とされているのである。

美人の尺度の共有と民族のアイデンティティ

　アイヌという語が人という意味も持つように，そもそも自分たちの民族名と人を表す語が同一という例は多い。元来どの民族にとっても，自分たちこそ人であり，自分たち以外は人に準ずる生き物でしかなかった。他の民族も同じ人だという認識は，接触の機会が増えることによって初めて持つことができるものであり，実のところ，現在でもそうした認識が完全に定着しているとはいいがたい。自分たちこそ人なのだから，どの民族も当然自分たちこそ美しい，という尺度を持つことになる。そうした尺度で他の民族を見れば，当然彼らは美しくない，醜いということになってしまう。こうした美の尺度の共有は，他の文化諸要素や価値観の共有と同様に，他民族との差異を強調し，感性の共同体としての民族のアイデンティティを確認，維持していくことになる。

京美人から江戸美人へ

　19世紀前半は，地域の経済力が発展し，各地の特産物がブランド品として地位を築いた時代である。こうした時代に地域独自の文化が人々によって認識され，そうした中で，越後美人など地域の美人という考えが生まれた。
　江戸の場合も幕府はできたものの，上方から下ったものではない関東産品の呼称が「下らない」の語源になったように，当初は後進地であったが，経済的，文化的に自立し，文化の発信地となるにつれて，江戸っ子という認識が登場し

た。そして美人の尺度も，上方直輸入の尺度から江戸独自のものへと変わり，17世紀後半の元禄期は丸顔，豊満な美人だったのに対し，19世紀前半の文化期以降は，すらりとした美人へと変化した。すなわち，18世紀後半といわれる江戸っ子というアイデンティティの形成と同時に，独自の美人の尺度という文化も形成され，共有されるようになったのである。

明治に入ってからも，1874（明治7）年の『東京新繁盛記』を嚆矢として，各地で繁盛記がブームとなり，同時に各地の遊廓，芸妓の評判記も刊行された。これは各地の美人を記録した一種のお国自慢であり，都市の発展を背景とした地域のアイデンティティの高まりが，独自の美人を生み出したのである。色白で知られる秋田美人の場合も，鉱山業が繁栄していた明治の終わりから昭和の初めにかけて，秋田を訪れた文人たちが，川反芸者を指して用いたのが初めだといわれている。

4 権力による美人像

支配者の尺度が美人を決める

前漢の成帝の皇后，趙飛燕は，船遊びの時微風でも飛ばされてしまうので，裾を船に結んだといわれるほどで，古代中国では病弱で，ひ弱で，こわれそうな細身の女性が好まれた。これは楚王が細腰の女性を好んだためで，宮中には痩せようとして餓死する者まで出たといわれる。

唐代には突然，豊かに太った女性が好まれるようになったが，これもまた玄宗皇帝が太った美女楊貴妃を愛したために，一般にその風潮，好みが広がったからといわれている。

明治天皇の顔は明治政府によって作られた

図①の人物はおなじみの明治天皇である。ところが図②は誰か，となると首をかしげてしまう。さらに図③となると，西欧の王妃のように見える。実は図②こそ数少ない明治天皇の写真であり，おなじみの明治天皇の顔とはおよそ似

▶①明治天皇肖像（キヨッソーネ作）
（写真提供：宮内庁）

▶②明治天皇肖像（写真提供：宮内庁）

▶③神功皇后

ていない。図②が典型的日本人の顔だとすれば，図①は彫りが深く，どこか欧米人を思わせる。また図③は，1881（明治14）年の1円札に描かれた，仲哀天皇の后，応神天皇の母で，熊襲，新羅征伐で知られる神功皇后である。皇室の先祖がこんな欧米人顔だったとは信じ難いが，実はこうした顔は，明治政府によって，意図的に作られたものなのである。

　江戸幕府という武家政権を倒した明治政府は，王政復古により再び天皇を中心とした国を作り上げようとし，他方で文明開化をもめざして古い日本文化を捨て，欧米化を進めようとした。いわば相互に矛盾した政策を同時に進める必要があったのだが，この矛盾は天皇や天皇家の女性たちの顔に関しても立ち現れた。

第10章　なぜ美人は美人なのか

　つまり，それまで天皇にさほど関心もなく，顔も知らなかった臣民たちの前に，天皇を支配者として登場させる必要が生じたが，最高権力者たる天皇や天皇家の女性たちは当然美しくなければならない。他方で文明開化をめざす近代国家の支配者として，彼らは伝統的日本人であってはならず，欧米的でなければならない。ところが写真を見ればわかるように，実際の明治天皇はじめ皇族の女性たちは当然典型的日本人顔だったから，実際とは異なった肖像を作り上げる必要が生じたのである。

紙幣，切手，肖像画というメディア

　天皇や天皇家の女性たちを，欧米人風の美男，美人に仕立て上げるのに明治政府が用いたのが，肖像画とそれを印刷した紙幣，切手などのメディアだった。おなじみの図①の明治天皇肖像も写真ではない。絵を写真に撮り直したもので，これを明治天皇の肖像として国民に示した。そしてその絵を描いたのは，大蔵省紙幣寮のお雇い外国人として来日したイタリア人キヨッソーネである。図③の神功皇后像もキヨッソーネによるもの。何しろイタリア人の画家が描いたのだから，日本人離れした顔になるのは当然だ。他にも彼は多くの皇族，皇室にかかわる人々，そして明治政府高官の欧米人風肖像を描き，紙幣，切手，地券状，煙草鑑札，印紙などに用いられた。紙幣，切手などは毎日大衆が目にするものであり，こうしたメディアを通して大衆は新たな支配者の姿を示され，欧

美人は頭が悪いというのは本当か

　美人は頭が悪い，秀才に美人はいないという俗説がある。明治時代の女学校では，在学中に結婚する生徒も多く，無事卒業までたどり着いてしまった生徒は，美しくないために売れ残ってしまったというわけで，卒業面（づら）といわれ，不美人の代名詞とされたことから，こんな俗説が生まれた。今日でもOLが，結婚退職，いわゆる寿退職を名誉とするなど，案外変わっていないのかもしれないが，戦後1962（昭和37）年に早稲田大学1年生の糸見圭子がミス・エールフランスに選ばれたことは当時の人々を驚かせ，さらに1976（昭和51）年に東京大学医学部の手塚圭子がミス日本に選ばれた際には，週刊誌が山本富士子の再来と，ワイド特集を組んだほどだったのである。

米人は美しいという尺度，そして日本は欧米化という近代化をめざすべきだという価値観を刷り込まれたのである。

この結果を示す例が夏目漱石の小説『三四郎』である。熊本の片田舎出身で，欧米人などほとんど見たこともなかったはずの三四郎が，上京の途中見た欧米人女性について，「頗る上等に見える。三四郎は一生懸命に見惚れていた。これでは威張るのも尤もだと思った。自分が西洋に行って，こんな人の中に這入ったら定めし肩身の狭い事だろうとまで考えた」ほどに，1908（明治41）年にして，欧米人こそ美しいという尺度が刷り込まれてしまったのである。

軍部が美人，鬼畜を決める

政府は，欧米を範として富国強兵，文明開化政策をとり，日清，日露戦争，第一次世界大戦を経て近代化を推し進めたが，第二次世界大戦では一転して，人々に英米を敵として戦わせなければならなくなった。これまでですでに，人々の美人の尺度は欧米的なものへと切り替えられてしまっていたが，今度は逆に，日本人こそ美しく優れた民族であり，欧米人は鬼畜であると逆転させなければならなくなったのである。

柏木博は，戦中の『週刊朝日』の表紙に描かれた女性像に，こうした国家の要請と大衆の要請の間で揺れ動くマスコミの様子が読みとれるという。表紙に国家の要請に対応した純日本的女性が登場するようになったが，他方で，一見日本的に見えはするものの，欧米人の特徴を備えた美人もまた登場する。これはマスコミの有効性を知り抜き，大衆の美人観を日本的なものこそ美しいというものに転換させたい国家と，欧米人こそ美しいと感じるようになってしまっている大衆の双方に目配りした結果，というわけである。

結局戦局が悪化すると共に，美人画などという軟弱なもの自体が目の仇にされるに及び，ヒットラーや東条英機が登場，女性といえばたくましい軍国婦人だけになってしまったが，この時期には，いわば軍部が美人の尺度を押し付けようとしたわけである。このように，私たちの美人の尺度は，国家という権力によって，簡単に操作されてしまうものなのである。

5 経済と美人像

進駐軍こそ美しい

　明治から続く美容外科で知られる高須クリニックの高須克弥は，敗戦後の日本人は進駐軍のような顔になりたがっていた，と語っている。美容整形の希望者が欧米人顔に似せることを望んでやって来たという。当時の日本は，その日の食物にもこと欠き，焼け跡には浮浪児が空腹をかかえてさまよっていた。他方アメリカ軍をはじめとする進駐軍は多量の物資を持ち込み，本国そのままの豊かな生活だったから，日本人にはフェンスの向こうは光り輝く夢のような世界に見えた。進駐軍兵士がジープから投げるチョコレートを拾っていたこの時代，日本の美人の尺度はアメリカ人に似ているほど美人というものに変わってしまったのである。こうしてテレビCMでも，雑誌モデルでも，美人といえば欧米人，とりわけアメリカ人という時代が始まり，日本人しか対象にしない商品のコマーシャルになぜか欧米人が登場し，当の欧米人が不思議がるという現象が始まったのである。

ソース顔から醤油顔へ

　ところがそれから40年近く経過し，経済復興，高度成長を遂げ，バブル経済が頂点に達した1987，88（昭和62，63）年ころには醤油顔がもてはやされるようになる。それまでの日本人の好みは彫りの深い，バター臭い欧米人風のソース顔だったが，逆にこれは暑苦しい顔とされ，芸能界でも日本的なサラッとした顔立ちで，目元涼しい面長が人気となったのである。

　通常は，どの民族でも自分たちこそ美しい，とするのはきわめて当然。ところが，戦後日本はそうではなかった。戦争に敗れた日本人は自らが劣等民族であると感じ，自らの文化に自信を失った。日本語は劣った言語であるから英語を国語にするべきだ，漢字を廃止してローマ字にするべきだ，米を主食にしているから日本人は劣っているのであり，パン，肉食中心にかえるべきだ，など

といった議論が大真面目に行われた。他方最先端の技術と物量，民主主義を誇るアメリカ文化は光り輝いて見えた。こうした時代に日本人顔は美しくなく，模範とすべきアメリカ人の顔こそ美しい，とされたのである。

ところがバブル期には，日本経済は絶好調，他方アメリカは不況で犯罪多発という時代となり，日本はもはやアメリカを追い越したなどといわれた。そうした時に，醤油顔の日本人こそ美しい，という本来の尺度が復活してきたのである。

すなわち，美人の尺度は，自分たちこそが美しいという本来のものが，時代状況によって軍事的，経済的，政治的強者こそが美しいと変わり，さらに自民族のアイデンティティ回復と共に，本来の尺度に戻る，というように変動するのである。

縄文顔と弥生顔

縄文人は鼻が大きくて彫りが深く，眉の濃い顔，すなわちソース顔の人たちである。ところが弥生時代になると，鼻が小さくてのっぺりとした醤油顔の弥生人が登場する。弥生顔はアジア北部に広く見られる顔で，今も中国北部，モンゴル，朝鮮半島にはのっぺりした顔の人が多い。弥生人は2300年程前に九州北部，山口などにやってきて，200〜300年で関東地方あたりまで広がった。

江戸時代以前までは北海道，東北，九州南部，沖縄には縄文顔，それ以外は弥生顔が多かったし，今日でも近畿地方には弥生顔，アイヌには縄文顔が多い。さらに血液型も西日本はA型が多く，東へ行くほど少なくなり，九州南部，東北にはO型が多い。耳垢もアイヌと沖縄では湿型，本土は北東アジアに多い乾型が多い。犬も北海道や沖縄の在来種は南方系が多く，本土の犬は北方系が多いという。そして江戸時代まで長らく，醤油顔が典型的日本の美男美女とされてきたのも，渡来した弥生人の子孫が支配層になったため，弥生顔が貴族に多く，高貴な顔として好まれたから，といわれている。それが明治以降，今度は欧米人のようなソース顔が美しいと変わり，敗戦でそれが極端になった。ところが高度成長を経て日本人が自信を取り戻し，日本人としてのアイデンティティが高まると，再び醤油顔へと変わってきた，というわけなのである。

なぜ太っているほど美人なのか

ミクロネシア・ポナペ島では，美人の条件は太っていることと，髪の毛が長

いこと。髪の毛はともかく，太っているというのは女性がダイエット，減量に懸命な現代日本の美人像とは正反対だが，実は太っている方が美人，という文化は多い。今日でも世界では多くの人々が飢餓に苦しんでいるが，歴史上食料が潤沢だったのは，一部の地域の一部の階層だけだ。そうした状況で，太っていることは豊かで，死から遠いことを示すのだから，太っている方が美人，という文化があっても少しも不思議はない。女性が美人めざしてダイエットに懸命というのは，食に不自由しない，恵まれた時代，社会ゆえなのかもしれないのである。

豊かになると丸顔が美人

　ソウル教育大学の趙鏞珍助教授の研究によれば，韓国では王朝時代からの伝統的美人は顔の幅1に対して長さ1.30だったが，高度経済成長と先進国入りを果たした1980年代末には，20歳代までの若者が好む顔は幅1に対し長さ1.27で，顎が短い丸顔に変わってきたという。これはギリシャでも同様で，ギリシャ彫刻を分析すると，貧しい時代は顎の長い細面，物が豊かになると顎が小づくりなふくよかな顔に変わっているという。これもまた，経済状況が美人像を変える例である。

6　メディアが美人像を作る

江戸の浮世絵美人

　江戸初期から浮世絵には美人画というジャンルがあり，女性の美しさを強調した絵が大量に印刷，販売された。なかでも1765（明和2）年，鈴木春信らによって創始された華麗な多色刷浮世絵版画は錦絵と呼ばれ，明和三美人ブームを生み出した。春信が谷中（東京都台東区）の笠森稲荷社前の茶屋「鍵屋」で働く看板娘お仙をモデルに描いた錦絵は，江戸中で大ブームとなり，男たちはお仙目当てに茶屋に通い，娘たちはお仙の髪型や持ち物を真似た。江戸の美人は錦絵作家によって作られ，伝達されたのである。

石版画美人

　錦絵は木版の粗い線で，色版のぼかしなどで立体感を付けている程度の似顔絵だったのに対し，明治に入るとドイツで発明された石版画が日本にも伝えられた。とりわけ砂目石版は砂という細かな粒子によるもので，現実感があり，明治20年代には全盛期を迎えた。額絵，雑誌付録などの印刷に盛んに用いられ，筆で着色した美人画が流行，人々の美人像をリードしたのである。

日露戦争と美人絵葉書

　日本で絵葉書が公式に売り出されたのは，逓信省が私製絵葉書発行を許可した1900（明治33）年で，『今世少年』の付録として彩色石版絵葉書が付けられた。その後逓信省によって記念絵葉書が発行されるようになり，とりわけ日露戦争戦勝記念絵葉書は，発行されるたびに郵便局に群衆が押し寄せ，死者が出るほどの大ブームになった。

　こうした中，美人絵葉書は，日露戦争に出征した兵士の慰問用に芸妓をモデルにしたものが大量に発行され，流行した。この美人絵葉書は戦後も続き，東京百美人の揃い絵葉書，話題の美人の百姿，懸賞写真による百二十美人絵葉書集など，写真集に近いセット絵葉書も売り出された。こうして美人の流行も起こり，有名な美人が生み出されたのである。

　写真になり，実物に近い生々しさ，圧倒的存在感が生じた絵葉書は，あたかも美人をはべらせるごとく，規格化された小さく軽く薄い紙に印刷した女性を図像として所有し，掌にのせ，眺めまわし，なでまわす，持ち歩くといったフェティシズムを可能にした。その上若奥様とはこういうタイプ，女学生とはこういうタイプというイメージを具体化，固定化し，美人のタイポロジーを示し，人々に美人像を定着させた。さらに量産が可能で，流通性が高い上に，多くの人の目にとまる公開性があり，一種のマス・メディアとなって，さらに人々に美人像を刷り込む力を持ったのである。

第10章 なぜ美人は美人なのか

▶④ミツワ石鹸の広告　　　　▶⑤クラブあらい粉の広告

プロマイド美人

　ブロマイドは，臭化銀を用いて作った印画紙に焼き付けた写真のことで，映画俳優の肖像写真を商品としたものを日本ではプロマイドと呼んでいる。1916（大正5）年ころには，浅草の専門店がアメリカ映画の主演俳優達を絵葉書型の写真に複製して売り出した。その後1921（大正10）年には，日本の映画女優栗島すみ子のブロマイドも登場して流行，美人像を定着させるメディアとなったのである。

マス・メディアが作り出した美人像

　1900年代初めには，欧米の印刷物などをトレースして学習していたデザイナーたちによって，広告にも欧米美人が盛んに登場するようになった。たとえば柏木博によれば，1911（明治44）年のミツワ石鹸の広告（図④）の女性は，フランスのポスター作家が描いた女性たちと共通の特徴を備えているし，図⑤の1903（明治36）年のクラブあらい粉の広告も，全くの欧米人ではないが，伸びた鼻すじが明らかに欧米人の特徴を示しているという。こうして新聞，雑誌，文芸，映画などのマス・メディアによって，日本的なものをプラスした，欧米

> **リカちゃん人形からの学習**
>
> リカちゃん人形は1967（昭和42）年に登場，本名は香山リカ，小学校5年生，11歳という設定。双子の妹と三つ子の赤ちゃんの妹弟，そして当初はスチュワーデスの姉もいた。母親はファッションデザイナー，そして父親はフランス人音楽家である。リカちゃんハウスは当初の城のような作りから普通の家に近いものへと変わり，顔も，つり目で額が秀でたすました顔立ちの初代から，4代目は垂れ目丸顔へと変わってきているが，いずれも日本人離れした顔である。ここでも背景にあるのは，フランス人，欧米人こそ美しい，という戦後日本文化の美人像なのだ。30年以上もの間日本の少女たちの遊び相手を努めてきたリカちゃん人形は，そうした戦後日本の美人の尺度を学習させる強力なメディアとなってきたのである。
>
> ▶リカちゃん人形（初代）　©タカラ　　▶リカちゃん人形（4代目）　©タカラ

人風美人が，大衆の頭に刷り込まれ，定着していったのである。

テレビが美人を作る

　かつて玄宗皇帝のような権力者の好みや政策が人々の美人の尺度を支配した時代があったが，現代のマス・メディアはそれ以上の強大な力を持っている。とりわけテレビは視覚に圧倒的に強く作用するため，言語的思考を停止させ，視覚的に物事を判断させる傾向があるから，影響が大きい。テレビに出る美人こそが美しいのであり，テレビが良しとするタイプが他のメディアにも登場し

第10章　なぜ美人は美人なのか

▶伊東絹子（写真提供：共同通信社）

て，美人の尺度はますます画一化されてしまう。こうして人々は，顔，身体の美しさだけがとりたてて強調された美人像を崇め，真似るようになってきたのである。

7　ミス・ワールドコンテストはなぜ問題なのか

反ミス・コン

　1996年インドで開かれたミス・ワールド大会では，反対派のデモ隊が押しかけ，警官隊が催涙弾を発射する騒ぎになった。2002年に開催予定だったナイジェリアでは，反対するイスラム教徒による暴動が起こり，200人以上の死者が出ている。日本でも，男性の目で，独身女性だけを外見的美しさで評価するミス・コンテストは，女性を商品のごとく扱う差別的行事だと反対する人も多い。

世界一の美人など選びようがない

　しかし文化人類学の観点からは，ミス・ワールド，ミス・ユニバースといった世界各国の美人を集めて行われるコンテストには，根本的な疑問がある。それは，そもそも世界で一番美しい女性を決める方法などあるのだろうか，とい

う疑問である。1位，2位とランクづけするためには，単一の尺度がなければならないはずだが，これまで見てきたように，尺度は文化によって異なる。したがって本来決めようがないはずなのだ。しかし現実にミス・ワールド，ミス・ユニバースは選ばれており，その女性たちは圧倒的に欧米人，あるいは欧米風の女性だ。太っているほど美人のミス・ポナペ，首が長いほど美人のミス・パダウンが出場したとしても，栄冠に輝く可能性などまったくない。日本代表も同様だが，そもそも日本代表に選ばれる女性自体が，戦後初めて1953（昭和28）年ミス・ユニバース世界大会に出場し，3位になった「八頭身」の伊東絹子以来，「日本人離れした」女性ばかりである。こうしたコンテストは，女性軽視だけでなく，欧米文化を尺度として世界諸民族の女性を評価しようとする異文化軽視，欧米の自民族中心主義という問題をも抱えているといえるだろう。

8 美人論と生き方

美人，不美人もその程度

　周囲が当然としている尺度が絶対と思い込んでしまうと，それからはずれていることは救いようがなく絶望的で，悲しいことに思えてしまう。女性なら誰でも美しいと思われたいし，とりわけ若い女性にとっては，自分が美人か，不美人かは自分の人生を決定的に規定する絶対的条件のように思えてしまうかも知れない。しかし時空間に視野を広げてみると，尺度などというものは，それほど絶対的なものではないことがわかる。

　これまで見てきたように，美人の尺度も，文化によって，時代によっていくらでも変わる。それも権力者の都合によって変えられたり，経済状況によって変わったりする。そして私たちの目には，そんなフィルターが知らず知らずのうちに付けられてしまっている。美人，不美人などということは所詮その程度のことなのだ。絶対的美人，不美人などいるはずもなければ，決めようもない。こういったことを知れば，見方はまったく変わってくるし，ずいぶんと気楽に

なる。単なる局地的，一時的な外面的美しさを求めることではなく，もっと本質的なことへ目を向け，内面的に自分を磨くことに関心を向けていくことができるだろう。

知的美人をめざす

若い女性は誰だって美しい。しかし外面的美しさは，どうがんばったところで，いずれ老化とともに失われる。ところが内面的美しさは増えることはあっても，減ることはない。だったら，どちらに投資した方が得かは明白だろう。知的刺激，知的生活の積み重ねは顔に出る。知性こそ内面的美しさをもたらす。学生時代は自分に投資して，知的美人をめざすことこそお得な学生生活ということになるだろう。

男も女も40歳過ぎたら顔に責任を持て

大宅壮一によれば男の顔は履歴書であり，リンカーンは「40過ぎたら男は自分の顔に責任を持て」といっている。これは身の回りのさまざまな職業の人を見てみればわかるように，ある年齢になると，その人の職業，さらにはそれまでの生き様そのものが顔に現れるからだ。よくいわれるように，銀行員にはどう見ても銀行員という顔の人が多いし，見るからに先生タイプという教員も多い。ヤクザも実際に人相が悪い。無論銀行員顔の人が銀行に就職するわけでもなければ，銀行が同じような顔の人ばかり採用するわけでもない。銀行員として長年働くうちに，それらしい顔になっていくのである。そしてそれは職業だけではなく，その人の生活，生き方全体を反映している。だから自分の顔に責任を持たなければならない，というわけだ。

もちろん，顔に責任を持たなくてはならないのは女性も同じだ。かつて女性のほとんどは主婦，母親として生きてきた。それゆえ，顔に生き方の違いが男性ほどには現れなかった。しかし今日，多くが社会進出し，それぞれの生き方を追求する時代には，女性も男性同様に，40歳過ぎたら顔に責任を持たなければならないだろう。

＊情報源＊

井上章一，1997，『美人コンテスト100年史』朝日新聞社
大蔵省印刷局記念館，1997，『お雇い外国人エドアルド・キヨッソーネ没後100年展
　　――その業績と明治の印刷文化』
小木新造，1995，『江戸東京学への招待Ⅰ　文化史篇』日本放送出版協会
尾本恵市，1996，『分子人類学と日本人の起源』裳書房
柏木博，2000，『肖像の中の権力　近代日本のグラフィズムを読む』講談社
小玉美意子・人間文化研究会編，1996，『美女のイメージ』世界思想社
佐藤健二，1994，『風景の生産・風景の解放　メディアのアルケオロジー』講談社
本多勝一，1971，『ニューギニア高地人』講談社
本多勝一，1981，『カナダ＝エスキモー』朝日新聞社
高須克弥，1988，『可愛い女になる心の磁気学』祥伝社
多木浩二，1989，『天皇の肖像』岩波書店
夏目漱石，1996，『三四郎』岩波書店
Brown, Ina Corinne, 1963, *Understanding Other Cultures*, Prentice Hall, Inc

お札と切手の博物館
　東京都北区王子1-6-1
国立印刷局
　http://www.npb.go.jp/ja/guide/
タイ北部山岳少数民族ギャラリー
　http://www.12plara.or.jp/siena03/
日本顔学会
　http://www.jface.jp/
原節子時代キネマ
　http://www.geocities.co.jp/Hollywood-Cinema/8715/
ミス・日本グランプリ
　http://www.sponichi.co.jp/miss_nippon/
リカちゃんオフィシャルページ
　http://licca.takaratomy.co.jp/

第11章　不潔，清潔とは何か

1　汚いとは何か

潔癖症の日本人

　他人の使ったボールペンをさわれない人のための抗菌ボールペン，吊り革が握れない人向けの除菌ティッシュペーパー，さらには自分の便の臭いを消すために飲む薬まで市販されているという。幕末に江戸を訪れた欧米人が，江戸の街の清潔さに驚いているように，もともと日本人はかなりの清潔好きだった。しかし現代の日本人，とりわけ若い女性たちは極度の潔癖症で，不潔を忌み嫌う。衛生という面から考えれば，清潔であることは良いことではあるとしても，現代日本人はなぜこんなにまで潔癖症になったのだろうか。そして過剰な清潔指向はどんな問題を生み出すのだろうか。さらに，そもそもきれいとは，汚いとは，いったい何なのだろうか。

なぜウンチは汚いのか

　ウンチやおしっこはなぜ汚いのか，手入れされた髭は汚くないのに，伸び放題の髭はなぜ汚いのかと聞かれても，そんなことは当たり前すぎて考えたこともないだろう。考えたところで，くさいからとか，グニャグニャしているからとか，汚いと思うのは本能だ，といった答しか思い浮かばない。そのくさいにしたところで，くさいとは何か，といわれると困ってしまう。同様に，きれいとは何かという問いも答えることは難しい。私たちは当たり前すぎることは考えてもみないのだ。

きれい，汚いは文化が決める

　汚いものを汚いと感じるのは，当たり前すぎて本能であるかのように思ってしまう。しかし幼児は，ウンチも鼻クソも汚いとは感じない。ウンチがお尻に，鼻クソが顔に付いていても，いっこうに気にしないし，何でも口に入れ，何でもなめてしまう。大人がそれを汚いからと拭いてやったり，叱ったりする。このことからも，ウンチや鼻クソを汚いと感じるのは本能ではなく，後天的に教えられるものであることがわかるだろう。

　それゆえ，大人の教え方が異なれば，子どもたちの清潔，不潔観は異なってくるし，まして民族によって相違があるのも当然，ということになる。清潔観，不潔観は文化によって決められるものなのである。

2　身体の境界を曖昧にするもの

はがれかかったフケが一番汚い

　まず，ウンチ，おしっこ，血液，唾液，鼻水，鼻クソ，汗など，身体から出てくるものは程度の差こそあれ，ことごとく汚いとされていることが注目される。

　さらに同じウンチでも，どこにあるのかによって汚かったり，何でもなかったりする。汚いはずのウンチも体内にある時に汚いと感じることはありえない。おしっこ，汗，鼻水，鼻クソなども同様だ。髪の毛が抜け毛として頭に付いていたり，床に落ちていれば汚いが，頭から生えていて身体の一部である時は汚くない。さらに，一番汚いのはどこにある時かを考えてみると，フケなら剥がれかかっている時か，剥がれて髪の毛に付いている時だ。頭皮の一部である時は汚くないし，剥がれて身体から遠く離れれば汚くない。垢も皮膚の一部である時は何とも思わないが，表面に付いている時が一番汚い。ウンチも同様で，身体の中のウンチ，排泄して身体から遠く離れたウンチは汚くないが，身体の表面に付いている状態が一番汚い。これはおしっこ，鼻水，鼻クソ，唾液，血液なども同様である。

第11章 不潔,清潔とは何か

抜け毛は危険物

　身体は,一人の人としての自分の存在,アイデンティティを確認するのに不可欠だ。脳や心臓といった内臓があって初めて一つの生命体として生存しうるのだし,さらに頭,肩,胸,腹,背中,足などが,つまり身体の外縁が,物理的に周囲の空間や,他人の身体から画された自分の身体を明示し,自分という存在を明確にしている。

　ところで,身体の一部である時の頭皮や髪の毛は確かに自分の一部であるが,では剥がれ落ちたフケや,抜け落ちた髪の毛は,自分の一部なのだろうか。こすればとれる垢,身体の表面に付いている汗,ウンチ,さらには一部で身体とつながっている剥がれかかったフケやカサブタは,どうだろうか。出かかっているウンチや汗はどうだろうか。もし,抜けた毛や排出したウンチが自分の一部であったならどうだろうか。自分があちこちに散在するということになってしまう。

　統合失調症(精神分裂病)の症状に,自分の身体の境界が溶けだし,どこまでが自分の身体なのかわからなくなる,というものがあるという。自分の身体がどこまでかがわからなくなるとは,いったいどこまでが自分なのか,すなわち自分とは何者なのかがわからなくなることであり,きわめて恐ろしい状況となる。

　こう考えると,身体表面にあるフケ,髪の毛,ウンチなどは,自分の身体の内側,外側の境界を曖昧にする,きわめて危険な存在ということになる。こうした曖昧なものを曖昧な場所にそのままにしておくわけにはいかないから,排除する必要がある。それゆえに身体の中から外へ出てくるものはことごとく汚いとされる。さらには,もっとも曖昧な状態である身体の表面に付いている時が一番汚い,とされるというわけである。

なぜ風呂に入ると気持ちが良くなるのか

　風呂にのんびりつかることが,自分を取り戻す貴重な時間,という人は多い。確かに,さまざまなストレスで自分を見失いそうな日々に,風呂に入ることに

よって，本来の自分を取り戻せるような気がする。

　これも実は，単に疲労を癒すからというのではなく，裸になり，垢やフケを落とし，文字通り自分の身体を明確に確認することを可能にするからだ。単なるリラックスの場ではなく，自分という一つの完結した身体を持った，一人の人のアイデンティティを，身体という面から再確認する場となるというわけである。

なぜ他人と身体が触れると気持ち悪いのか

　他人と身体が触れると汚い，気持ち悪いと感じる。身体同士が接触するということは，別個の人を，物理的，視覚的にも隔てる身体間の距離がゼロになることであり，身体の境界が曖昧になることに他ならない。それゆえ，自他の身体を明確にすることによって確認される自分のアイデンティティを危険にさらすことになってしまう。境界がさらに曖昧になるセックスは，とりわけ危険だ。こうした危険は回避しなければならないから，接触は気持ち悪い，汚いこととされ，曖昧になればなるほど，汚らしい，けがらわしい，ワイセツなどとされるのである。

　身体接触をなんとも思わない幼児も，教えられることによって，汚いと感じるようになるのだが，恋人，夫婦，親子などの場合は，むしろ逆にアイデンティティ上の境界を曖昧にしたいわけで，むしろ積極的に接触することで，身体の境界を曖昧にしようとする，ということになる。仲間が肩を組んで，手をつないで，連帯感を高めるなどというのも同じような意味があるといえよう。

3　自然のままの身体，住まい，街は汚い

自然のままの身体は汚い

　髪の毛や髭が伸び放題，フケ，抜け毛が付いたまま，汗，ウンチが付いたまま悪臭を発する，といった状態は汚いとされる。ところで髪や髭，爪が伸びるのは自然だし，長く伸びてくれば，ボサボサになるのも自然だ。また人が動

物である以上，ウンチ，おしっこをしなければ生きていけないし，暑ければ汗が，寒ければ鼻水が出る。皮膚も老化すれば垢になり，フケになる。そして汗やウンチは臭気を発する。これらもまた自然だ。意外なことかもしれないが，要するに自然のままの身体は汚いとされている，ということがわかるだろう。

文化の手が加わったものこそきれい

　他方で，髪はたとえ長く伸びていても，刈り揃え，櫛で整え，整髪料で固め，ドライヤーで乾かすなどの手入れをしていれば，きれいだ。髭も伸び放題は汚いが，たとえ伸びていても，切り揃えるなどの手入れをしていればきれいとされる。同様に，伸びたままの爪は汚いとされるが，切り揃えてあるか，伸びていても磨いてマニキュアが塗られていればきれいだ。ウンチは拭き取り，フケ，汗，抜け毛も洗い流せばきれいになる。またそうした手入れは，性別，年齢，民族などによって異なるものの，いずれも文化によって定められている。自然のままが汚いとされ，他方で文化に定められた通りに手が加えられたものはきれいとされているわけで，きれいにするとは自然を改変することであり，またそうするべきだとされていることがわかるだろう。

自然の豊かな街は汚い

　ほこり，ごみが舞い，破損し，落書きだらけ，昆虫やネズミが住み着き，雑草が生い茂る，といった住まい，街は汚いとされる。すなわち，植物も特定の種類が選ばれ，花壇，庭園などと決められた場所に栽培されたものはきれいだが，選んだわけでもない種類で，栽培しようと決めたわけでもない場所に勝手に生えてくる植物は汚い雑草とされる。どこであろうと植物の種子が落ち，芽が出て成長するのは自然だが，それが汚いとされるのだ。

　同様に，動物である人が生活すれば，ごみを出し，衝動のままに破壊したり，落書きしたりするのも自然だが，これも汚いとされ，他方ビルの壁に計画通りに描かれた絵はきれいな壁画とされるし，ごみもきちんとごみ箱に捨てて処理された状態ならばきれいとされる。要するに，住まいも街も，文化によって統

制されればきれいで，自然のままだと汚いとされるのであり，自然を排除して文化が統制した空間を確保するべきだとされていることがわかる。

高度成長期，バブル期に清潔指向

　高度成長期，清潔指向が高まり，さらにバブル期には，極端な潔癖症が急増した。抗菌グッズが続々登場し，若い女性の食事毎の歯磨き，朝シャンが当たり前となり，毎日入浴2回という人も増えた。便の臭いを消すための薬を飲む人まで現れたのもこの時期だ。

　高度成長期，バブル期は，経済が急速に成長し，日本が豊かになるとともに，人々が強い自信を抱いた時期だが，同時に，国土総合開発，リゾート開発など，自然破壊が猛烈な勢いで進められ，技術，経済の力によって人が自然を完全に統制できる，すべきだという価値観が広まった時期でもあった。こうした時代には，自然のままにしておくことは悪であり，汚いとされる。川岸も海岸もコンクリートで固めるべきであり，野原のままの空き地は芝生で覆った公園にするべきとされ，海岸も高原も，リゾートに囲い込まれた時代である。こうした時代だからこそ，身体からも自然を排除し，文化によって統制するべきだ，という価値観が支配的になった。要するに清潔観はそれぞれの文化の自然に対する価値観に左右されるのであり，日本人の潔癖症もそうした価値観を反映したものなのである。

4　清潔観とアイデンティティ

皿の洗い方を比較してみれば

　ニュージーランド人をはじめ，汚れた食器に洗剤をつけてブラシなどでこすり，タオルで拭いておしまい，という民族は多い。ゆすがないのだから，日本人から見れば汚れが取れておらず，洗剤も付いたままで，きれいになっていない，汚いままということになる。それでもニュージーランド人にとっては十分にきれいなわけで，なぜ日本人のようにいちいちゆすいで水を無駄にするのか，

第11章 不潔，清潔とは何か

と考える。
　身体もどんな状態が汚く，どうしたらきれいになったとするかは，個人差もあるが，文化，民族による差が大きい。ニュージーランド人の多くは，風呂には入らず朝のシャワーだけだ。日本人にとっては，湯につかって初めてきれいになるわけで，シャワーだけでは疲れがとれないだけでなく，きれいになった感じがしない。しかし彼らにとっては，それで十分なのだ。また日本人は，身体が雨に濡れることを嫌い，雨が降れば洗濯物も取り込む。雨に濡れることは汚れることだからだ。ところがニュージーランド人は，傘を持ち歩く人はほとんどおらず，濡れても平気，洗濯物も取り込まない。
　無論気候の違いはあるが，世界には風呂もシャワーもなしという民族は多い。朝シャンを欠かさず，毎食後歯を磨き，長風呂で身体の隅々まで洗い，トイレも洗浄装置付きなどという民族はむしろ珍しいのである。

住まいや街の清潔，不潔も文化次第

　ニュージーランド人は，良く知られているように土足で室内に入る。他方で大学のキャンパスや街の中などを裸足で歩いている人もいるのだが，玄関には段差もなく，室内履に履き替えることもしない人が多い。掃除の回数も日本人に比べればはるかに少なく，簡単だが，床に本や食器を置いたり，座ったりする。古い道具も売買し，修理して長く使うから，住まいの空間は日本人の目にはあまりきれいとは思えない。ところが，一歩外へ出ると，電柱は少なく，けばけばしいネオン，看板，落書き，貼り紙もほとんどない。芝生は刈り揃えられ，色，形，高さなどの統一性が高い家々の並ぶ街には，ごみもタバコもほとんど落ちていないし，タンを吐いたり，立ち小便をする人もいない。
　他方の日本人は，よく掃除して，室内には土足で入らないし，本や食器を床に置かない。新製品が大好きだから家具も，電気製品も新しい。ところが統一性のない色，形の家々が並び，貼り紙，落書き，乱雑な看板が溢れ，電線の張り巡らされた街に出ると，ごみやタバコは捨て放題，酔っ払いの嘔吐物が悪臭を放ち，タンを吐いたり，立ち小便をする人までいる。こうした日本の街をニ

ュージーランド人が見れば，実に汚いという印象を持つ。

　これは身体に直接かかわる空間をきれいにすることが重要で，都市空間にはさほどこだわらない民族と，逆に身体とその周囲の空間にはそれほどではなく，都市空間にはきわめて強く清潔さを求める文化の相違といえよう。それゆえ，どちらが汚い民族，きれいな民族と一方的に決めることはできない。何をきれいにするべきか，何はきれいにしなくてもよいのか，どういう状態がきれいかが文化によって違うのである。

清潔観とアイデンティティ

　異民族を嫌悪，差別する時によく聞かれるのが，彼らは汚い，くさい，という表現だ。これは子どもたちのいじめでも見られる。動物である人は誰でも排泄物，廃棄物などを出すが，それをどのようにすればきれいな状態になるか，どこをきれいにするべきかは，各文化が独自に決めている。また人は誰でも身体からにおいを発しているが，どのにおいが良い香り，くさい臭いかも，各文化が独自に決めている。そして人々は自らが所属する文化に即して，身体，住まい，街などを清潔にすること，身体のにおいを除去したり，逆に香りを付けたりすることを求められる。それゆえ文化の尺度に即している限りは問題ないが，そうでない場合に汚い，くさいと嫌悪，差別されることになる。

　これは同じ尺度に則って清潔にすることは，文化を共有していることを意味するから，文化を共有している人々，すなわちアイデンティティ上一体であることを明示することになり，他方共有していないことは異なる人々であることが明示されることになる。汚い，くさいという嫌悪，差別は，こうしたアイデンティティ上の連帯，対立を確認する手段であり，清潔観は民族としてのアイデンティティを確保，維持するために使われている，というわけである。

第11章　不潔，清潔とは何か

5　国際化と清潔観

英語ができれば国際人か

　国際化が進むにつれて，身の回りに外国人が増える。日本人自身も好むと好まざるとにかかわらず外国で生活する可能性が高まる。そうした国際化した社会でもっとも重大な，困難なことというと，ほとんどの人が言葉だという。たしかに言葉が通じなければ，仕事はおろか，日常生活を送る上で多くの問題が生じる。

> **漢字の看板は汚いのか**
> 　ニュージーランド・クライストチャーチには，90年代に入りベトナム人，香港人，台湾人，中国人，韓国人，そして日本人が次々やって来た。それに対してニュージーランド人の間には反感が高まり，1996年総選挙では外国人移民に反対する政党が躍進し，一部では嫌がらせなども起こった。
> 　この背景にあったのは，中国人はよく働きすぐ金持ちになる，金持ちの日本，韓国，香港からは素行の良くない留学生がやってくる，観光客が札びら切って街を闊歩する，といったことだったが，実は清潔観の違いもまた大きな要因だった。すなわちくわえタバコで吸い殻を投げ捨て，ごみを所かまわず捨てるので，ごみ，吸い殻がほとんどなかった街が汚れてきた。ニュージーランド人の若者が真似て喫煙率も上がってしまった。街に漢字やハングルの看板，落書きが増えた，といった具合である。
> 　清潔観は風景を規定する。クライストチャーチには，彼らの清潔観に則って，設計，色，高さなどが統一された街並みが作られ，看板も少なく，貼り紙，落書き，ごみ，吸い殻のほとんどないという風景が作り上げられていた。ところがそこにたくさんの肌の色，髪の色の異なった人々，異なった文字の看板，ごみや吸い殻が現れたわけで，自分たちの文化によって作り上げ，維持，共有してきた都市の風景が変化させられてしまった。これは人々のアイデンティティが揺らぐことにもつながることであり，それゆえに反感が生じたというわけなのである。
>
> ▶増える漢字の看板

109

しかし言葉は努力すればなんとかなる場合も多いが、いくら努力しようとしても、努力以前に、拒否反応が起こってしまうのが清潔観の相違なのだ。何といわれようと気持ちが悪いものは気持ちが悪い。生理的反応は理屈ではどうにもならない。これは実は言葉よりもはるかに重大だ。いくら言葉が上手でも、異民族のやり方が汚らしくて我慢ができない、気持ちが悪くて食べられない、くさくてたまらない、というのでは、一緒に仕事もできなければ、友好関係も保てない。相手も自分も不愉快になり、摩擦を生じることは明らかだろう。異文化との出会いと共存で、もっとも重要かつ大変なのは、実は清潔観の問題であり、本当の国際人の条件は英語ペラペラであることではない。だから世界有数のきれい好きである日本人は、とりわけ具合が悪い。他人の使ったボールペンも持てないような潔癖症では、いくら言葉を学んでも前途多難、ということになる。

非神経質こそ国際化の条件

ではどうしたらよいのか。語学に生まれながらの才能があるように、清潔、不潔などということはさほど気にならない、気にしないで済ませられるという人と、そうではない人がいる。どちらが正しいという問題ではないが、異民族、異文化とのコミュニケーションで不利なのは明らかに神経質な人。他方明らかに有利なのは非神経質な人だ。国際人をめざすなら、国際化時代に有利な立場に立つのなら、語学ももちろんだが、非神経質をめざすべきなのだ。

しかし理屈はそうでも、多くの人はそんなことをいわれても、気持ちが悪いものは気持ちが悪い。これはどうにもしかたがない。あとは、自分にとって気持ち悪いことが相手には何でもないことで、他方自分が何でもないことが相手にとってはすごく気持ちが悪いことかもしれない、お互い様、違うのだからしかたがないと思うことだ。汚い、くさい、気持ちが悪いなどということは、しょせん文化が決めたもので、それを学習させられた結果にすぎない、その程度のことなのだと思うことだ。すなわち、相対化してしまうのである。そうした相対化して考える習慣が身に付いてくれば、だんだんと非神経質な、国際化時

代に得する人になれるだろう。

＊情報源＊

ジョルジュ・ヴィガレロ，1994，『清潔になる〈私〉——身体管理の文化史』見市雅俊監訳，同文館

田中聡，1994，『衛生展覧会の欲望』青弓社

斗鬼正一，1991，「都市問題への文化人類学的視角」『東アジアの文化人類学』大胡欽一・高桑史子・山内健治編，八千代出版

斗鬼正一，1996，「江戸・東京の都市空間と動植物——都市人類的考察」『情報と社会』6，江戸川大学

斗鬼正一，1998，「香港の都市空間と社会——汚れと自然の視点から」『アジア世界：その構造と原義を求めて』(下)，大胡欽一編，八千代出版

斗鬼正一，1999，「クライストチャーチの都市空間と清潔観」『情報と社会』9，江戸川大学

斗鬼正一，2002，「漁師町の空間と海——海産物の導入，廃棄の事例から」『離島「隠岐」の社会変動と文化——学際的研究』，小坂勝昭編，御茶の水書房

藤田紘一郎，2001，『清潔はビョーキだ』朝日新聞社

スーエレン・ホイ，1999，『清潔文化の誕生』椎名美智訳，紀伊國屋書店

第12章　正常,異常とは何か

1　統合失調症と文化

統合失調症の民族差

　病気は身体部位の病変などによって起こる。それゆえ,たとえば風邪をひけば咳が出るように,どの民族であろうと,同じ病気にかかれば同じ症状が生じるはずである。統合失調症(精神分裂病)の場合,原因はまだ明確になってはいないが,たとえば,脳で神経と神経の間の連絡をするドーパミンという物質が統合失調症患者では異常に多いという仮説がある。また脳の画像診断によって,脳の構造が異常を示す患者がいることもわかっているという。ところがヒポクラテスが,スキタイ人に固有な精神疾患があることを記しているように,統合失調症の場合,民族による相違が大変大きいのである。

日間賀島,篠島の患者たち

　精神科医の荻野恒一は,比較精神医学の観点から,三河湾に浮かぶ愛知県知多郡南知多町の日間賀島,篠島という2つの島の統合失調症患者の相違に着目した。この2つの島は3キロほどしか離れていないにもかかわらず,病型に著しい相違があり,日間賀島は自発性欠如,感情鈍麻,自閉などを症状とする破瓜病型が,他方の篠島は幻聴,関係妄想,被害妄想などを症状とする妄想型が多い。
　荻野がその要因として指摘したのが,2つの島の文化の相違だった。すなわち日間賀島は農業中心で,漁業は小型船による小規模なもの,観光客も少なく,

第12章　正常，異常とは何か

婚姻関係の地域的広がりである通婚圏も狭い。雰囲気は閉鎖的でひっそりしているし，人々は保守的で固定的な社会だという。他方の篠島は農業はなく，大型船による漁業が行われ，観光客も多い。通婚圏も広く，人々は開放的で活発，流動的な，外に向かって開かれた社会だ。要するに日賀間島では，伝統的な地域の文化の中で生きていこうとする傾向が強いのに対し，篠島では島外の新しい文化に接する機会を求める，開放的な文化であり，こうした文化の相違が，両島の病型が相違する要因となっているというのである。

日本に食人女神ウィンディゴは現れるか

　統合失調症患者の抱く一見滑稽な誇大妄想も，社会状況を背景としている場合が少なくない。戦前は自分は華族であるとか，皇族の血統だなどといっていた患者が，敗戦後は自分はマッカーサー夫人だといい始めたりするなどという例である。

　カナダのクリー・インディアン，オジブワ・インディアンだけにあるウィンディゴ病の患者は，ウィンディゴという伝説上の食人女神に化身したという妄想を持ち，家族を殺して食べてしまう。要するに急性統合失調症なのだが，彼らの文化ではウィンディゴの存在が信じられているからこそ，自分がウィンディゴだという妄想を持つのであり，同じ病因でも，食人女神ウィンディゴが存在しない日本に，ウィンディゴに化身した妄想を持つ患者は現れるはずがない，ということになる。つまり妄想も文化に左右されるのである。

ノンダ病で恥じらい忘れるニューギニアの女性患者

　ノンダとは4種類の食用きのこを一括した名称だが，ノンダ病は1960年にレイによってきのこ中毒性精神病として報告された一種の感応性精神病，ヒステリー性精神病である。ノンダ自体には幻覚，意識障害を引き起こすような働きはなく，一年中食用にされているにもかかわらず，特殊な効果を持つと信じられ，乾燥期の終わり頃だけノンダ病の原因になる。症状は身体の不随意的振戦，二重視，間欠性無声症などの転換ヒステリー症状，ついで社会的行動障害

がヒステリー性意識障害を伴って出現する。

　ところが行動障害は男女によってまったく異なる。男性は言動が荒っぽくなり，時には槍，弓矢，刀などで誰かれなく狙ってケガを負わせたり，若い男性の場合は，これを煽動するか，おどけたり，家屋のうしろに隠れてうかがったりする。ところが女性の場合は，日頃恥ずかしがり屋であるにもかかわらず，ノンダ病にかかると，恥じらいを忘れて陽気にはしゃぎ回り，他人の家に入ってくつろぎ，露骨に性的な話や自分の性体験を宣伝し，未婚の女性だと男性を誘惑して関係を持ってしまう。既婚女性は夫以外の男性たちと踊ったり，時には自分はまだ結婚していないという願望充足的妄想を抱き，未婚女性のように盛んに身体を装飾する。

　荻野によれば，これはニューギニアの文化が，独身女性と既婚女性を明確に区分し，既婚女性は未婚女性のように身体を飾ってはいけない，夫以外の男性に笑顔で話しかけてはいけない，といった束縛する文化であるからであり，さらには，男女を区分し，男性には自由と放縦が認められているのに対し，女性には禁止されているためだという。そもそもとりわけ女性がノンダ病になることを望んでいるように見え，ノンダ病を望むときは，ゆるやかに流れている川で水浴びしながらノンダを食べるといいと信じられている。すなわち外見はきのこ中毒に見えるが，実は男女に与えられた社会的カタルシス，すなわち鬱積の解放と浄化であり，そうした束縛のない文化なら，こうした症状は出ないというのである。

狐が憑くか狸が憑くか

　祖先霊，悪霊，動物の霊などが憑いて，憑かれたものの言動をする憑依性精神病は，世界中に見られる。ところが，何が憑くかは大変異なり，ヨーロッパではありふれた狼憑きが，アジアにはない。国内でも，犬神憑きは四国，鳥取に多いが，他方四国には日本中にある狐憑きがない。森田正馬によるとこれは，昔土佐に柴木右衛門という強い狸がいて，四国から狐を追い払ってしまったという伝説があるためだという。四国に本物の狐は生息しているのだが，伝説上

は狐はいないことになっている。そのために狐憑きの患者が現れないというのである。

正常，異常も文化次第

　文化は，精神医学体系をはみ出すほどの特殊な精神病を生ぜしめたり，病型の違いにまで影響する力を持っている，というわけであるが，さらには，正常か異常かの診断それ自体も，文化によって影響される。すなわち，身体症状だけの病気であれば，客観的に観察，測定，記述することが可能だが，精神疾患の場合は，症状はおもに精神症状というつかみどころのないもので，人格，生活史など，病者のおかれている状況そのものがかかわっており，その状況は，その時々の文化と密接に関連している。さらに精神症状のつかみ方も，人間観，疾病観，その社会，文化の狂気についての考え方に左右されるのである。身近な例でも，戦争中の日本人が，天皇は神，英米人は鬼畜であり，神国日本は不滅と信じていたことなど，今日の私たちには信じられないことだが，当時はそれが当然であり，むしろ信じない人々こそが異常とされたのである。

2　インセスト・タブーと文化

インセスト・タブーは例外が多い

　インセストとは近親相姦，近親婚，タブーとは単なる禁止とは異なり，違反に対して強い恐れの感情を引き起こすものをいう。それゆえインセスト・タブーとは，人々が恐れるある範囲の親族間の結婚や性的関係を禁じる規則，慣習であり，「人を殺すな」とともに，人類共通の2大タブーである。
　普通は近親相姦など想像もつかない，考えただけでも気味が悪い，けがらわしい，異常なことと感じる。しかし，食欲なら誰でも，どの民族でも持ち，例外は存在しないが，インセスト・タブーの場合，エジプトの王室や，日本でも古代の皇室に近親婚がかなり見られるし，今日でも週刊誌などで報じられるように，かなりの例外があり，本能であることを疑わせる。

韓国なら同姓同本不婚

　人類は一つの種だから，もしインセスト・タブーが本能ならば，どの民族も同じはずだが，実際にはどの範囲をインセストとするかは民族による差がきわめて大きい。法律上も，3親等，4親等，そして8親等以内などと国によって異なるが，文化的にはさらに多様である。

　日本では親子，兄弟姉妹，祖父母と孫，甥姪とオジ，オバなどはインセスト・タブーの対象とされ，慣習的にも，3親等以内の婚姻を禁止する法律上も，結婚はできない。一方4親等のイトコ同士の結婚は慣習的にも法律上も認められており，実例も多い。ところが韓国人にとっては，こうした日本のイトコ婚などは嫌悪すべき異常なことと映る。

　というのは日本と韓国の文化では，インセスト・タブーの範囲が大きく異なるからだ。韓国の若者が知り合った相手に真っ先に尋ねるべきことは，姓と本貫だという。これは民法による婚姻禁止が8親等以内であることに加えて，韓国の文化では「同姓同本不婚」であるからだ。この同姓同本不婚とは，ただ姓が同じというだけではなく，同じ金氏でも，始祖の出身地によって金海金氏，慶州金氏，安東金氏など，いくつかの本貫に分かれ，この本貫が同じ場合に結婚が禁止されてきたのである。

　1999年以降，法律上は禁止されなくなったが，金海金氏の場合は韓国人口の5分の1を占めるといわれるから，大変な数の結婚できない相手がいたことになる。知り合った男女がまず本貫を尋ねるのも，禁じられた恋に陥らないためなのだ。そうした韓国人から見れば，日本のイトコ婚など，想像を絶する，嫌悪すべき異常なことに見えるというわけである。

会ったこともない親兄弟は互いにわかるのか

　たいていの人は自分の親兄弟が誰であるか知っており，顔を見れば互いにすぐにわかる。そんなことは当然と思いがちだが，では30年ぶり，40年ぶりでもわかるだろうか。まして生まれてから一度も会ったことのない親兄弟がわかるだろうか。戦後の混乱の中，中国に残された孤児たちが，肉親探しに日本を訪

> ### 2700年前の先祖もすぐわかる韓国人
> 　曾祖父母の名前など知らない,それ以前の先祖の名など調べようもない,という人も多い日本人には,なぜ韓国人は何十代も昔の先祖のことがわかるのか不思議だが,韓国人は族譜という何冊にもなる膨大な家系の記録を持ち,それに先祖代々の名前,生没年,官職,墓所などが記されているから,簡単に調べられる。
> 　韓国には260ほどの氏があるが,そのすべてが宗親会を持つ。始祖が中国新安県出身の朱氏の場合,ソウルに新安朱氏中央宗親会の事務所があり,族譜を管理している。朱氏の元祖は2700年前の春秋時代,周の中にあった朱という小さな国で,1224年,朝鮮半島に移ってきた。その子孫が今韓国に約14万8000人おり,族譜を調べれば,先祖代々直ちに分かる。そしてその14万8000人が2700年前の先祖が同じゆえに結婚することはできない,というわけである。数代前の先祖のことさえ調べようがない人が多い日本人には想像を絶する違いといえよう。

れる。手がかりはわずかな証拠品や,かすかな記憶だけであり,結局血液鑑定によって,血のつながりが判定されたりする。つまり人が親兄弟をわかるのは,頻繁に,あるいは時々会っているからであり,そうでなければわからない。もしインセスト・タブーが生まれながらに嫌悪感を覚える本能ならば,一度も会ったことがなくとも当然わかるはずだが,実際は会ったことがなければ親兄弟であることなどわからないのだ。

インセスト・タブーは文化が作った

　一部の動物にも近親相姦を忌避するものがあるから,インセスト・タブーは子孫への悪影響を避けるための本能,という説明も成り立つ。しかしそれだけでは,民族によって異なり,同じ民族でも時代によって変動することなどは説明できない。何よりも人はインセスト・タブーの対象を生まれながらに見分けられるわけではないし,法律で強制までしなければ例外が生じてしまうのである。民族によるさまざまな相違は,インセスト・タブーが文化によって作られたものであることを示す。人々はそれを学習させられ,強制された結果,インセストは嫌悪すべき異常なこと,タブーはあたかも生まれながらに当然持っているものと感じるようになる。そして他民族の事例が異常,野蛮に見えてしま

ったりすることになるのである。

インセスト・タブーは何のためか

　生物学的な説明とは別に，なぜインセスト・タブーが文化によって作り出されたのかについて，文化人類学者はさまざまな説明を提示してきた。マリノウスキーは，近親婚による親族関係の混乱を防ぐためだという。たとえば，母子相姦によって子どもが生まれた場合，その子は，生物学的父親から見て子どもなのか兄弟姉妹なのか決められない。母親からも相手が息子なのか夫なのか決められない。祖父と孫娘の間に子どもが生まれれば，二人の間柄は，父子でもあり，曾祖父と曾孫でもあることになってしまう。第5章に述べたように，社会は人々が分類され，特定の権利，義務の関係が決められることによって成り立っているから，こうしたことが認められてしまえば，社会はまったく成り立たなくなってしまう，というわけである。

　またクロード・レヴィ＝ストロースは，親族制度の根底に潜んでいる本質的機能という側面から，インセスト・タブーは親族体系を存続させるための構造だという。つまり近親の女性との婚姻を禁止することによって，自らの集団の女性が他の集団に婚出し，他の集団の女性を婚入させることが可能になり，女性の交換が促進され，集団間の社会関係が確保できるからだと説明している。

＊情報源＊
荻野恒一，1969，『文明と狂気　精神病はなにを語るか』講談社
木山英明，1996，『文化人類学がわかる事典』日本実業出版社
祖父江孝男，1967，『行動する人間』日本評論社
吉田禎吾，1999，『日本の憑きもの　社会人類学的考察』中央公論新社
レヴィ＝ストロース，C.，2000，『親族の基本構造』福井和美訳，青弓社

韓国の結婚事情　http://www.gws.ne.jp/home/yottyann/korea
篠島観光協会　http://www.shinojima-aichi.com/
族　譜　http://www.han.org/a/jogbo/jogbo.html
日間賀島観光協会　http://www.himaka.net

第13章　国際化と民族のアイデンティティ

1 国際化は大変なことなのだ

国際化はおしゃれか

　大学の新・増設ラッシュで急増したのが，○○国際大学，国際□□学科。客は日本人ばかりなのに，○○国際スキー場，□□国際ホテル，××国際自動車学校，なかには△△国際鱒釣り場などというのもある。グローバル化の波に乗り遅れないためには，国際人をめざせと英会話学校は宣伝に躍起だが，この国際化，国際人といった言葉は，いったいどのようなイメージでとらえられてきたのだろうか。

　もちろん大学の国際□□学科は，国際化時代に対応した教育，研究の重要性に着目してのことではあるが，少子化による大学冬の時代をにらんだ，若者受けするおしゃれなネーミングの切り札，という側面もある。とにかく国際と付けばおしゃれ，というわけだ。国際都市，国際舞台，世界を股にかけるといった語が持つ華やかなイメージの通り，国際化とか国際人は，ある種ファッション感覚でとらえられてきたのである。

日本人の勘違い国際化

　さらに中身となると，大方は海外旅行，留学，身近に外人（外国

▶外人の多いおしゃれな町・六本木

人ではない）がいるおしゃれな生活，そしてとりわけ「英語がペラペラ」即国際人といったものでしかない。英語ができなければ話にならないし，「向こうでは」こうだから，日本も当然そうするべきだ，ということになる。「向こう」とは当然，欧米，とりわけアメリカのことであり，「遅れた」アジア，アフリカなどは視野に入っていない。マスコミも，「日本では，香水とファッションの組み合わせ方がフランスに比べて30年以上遅れている」，「向こうでは夫婦は言葉で愛情表現するのに，日本人はできない」などと報じて怪しまない。そして中学で教えられたとおり，自分の名前斗鬼正一をMasakazu Tokiと何の疑いもなく姓名逆にして書いてしまう。

　要するに日本でいう国際化とは，明治以来の脱亜入欧の同義語に他ならない。そして日本は欧米化した先進国である，という錯覚から，欧米化の遅れたアジア，アフリカ諸国などを下にみる，という奇妙なコンプレックスが生き続けて

127,100,000人……読むのに何秒かかりますか

　127,100,000人を一瞥しただけで読める日本人はどれだけいるだろうか。日本の人口は1億2710万人（2014年5月）である。多くの人が，一，十，百，千，万，十万，百万，千万，一億と数えないと読めない。ところがもしこれを1,2710,0000人と書けば，すぐ読めるだろう。日本ではなぜか3桁区切りにするが，どう考えても4桁の方が読みやすいに決まっている。日本（中国）文化では万，億，兆，京……と万の二乗，三乗，四乗ごとに新しい名をつける四桁くぎり十進命数法だからだ。それを，千を単位とし，千の二乗，三乗，四乗ごとにmillion, billion, trillion, quadrillion……となる三桁くぎり十進命数法のアメリカ文化を真似て，何の意味もない3桁ごとにコンマを付けているのである。官庁の統計数字によく見られる「124（単位千）」なども12万4千，とすぐに読める人はめったにいないだろう。thousandが単位で1万は10千，10万は100千，100万は1000千という英語を真似しただけ。こんなことが日本では国際化と勘違いされてきたのである。

　住所表示も同じような例だ。813, 1-1, Mita 2chome, Minato-ku, Tokyo, Japan。文化人類学者の多くが所属する学会である日本文化人類学会の所在地をアメリカ向けに書くとこうなるという。東京都港区三田2丁目1-1-813が正解だが，こんなのを解読させられる日本の郵便局は気の毒だ。アメリカでは人名同様，小から大へと並べるが，どのみちアメリカ人にはMitaもMinatoもkuも意味不明で，そんなことをアメリカ式に合わせる必要があるとはとても思えない。

いるのである。

国際化の実像を知った日本人

　国際化がおしゃれ，と思われてきたのは，実は国際化していないからに他ならない。世界のほとんどの国が多民族国家であるのに対し，日本は数少ない単一民族に近い国だ。外国人居住者はまだまだ少ない。とりわけ地方では，ついこのあいだまで子どもたちが「あっ！外人だ！」とはやしたてるほど珍しい存在だった。それに国際化といっても目は欧米にしか向いていなかったから，外国人といえば外人，つまり欧米人，それもアメリカ人にほぼ限定されていたし，おまけにアメリカ兵を除けば，駐在員，ジャーナリスト，外交官，研究者といったエリート，インテリ層が中心だった。終戦直後はひもじい思いで，フェンスの向こうの物資があふれる進駐軍にあこがれ，高度成長期までは，映画，テレビで見る，誰もがマイカーを持ち，摩天楼を縫ってハイウェイが走る豊かな「向こうの」イメージが，人々のあこがれをかき立てた。ジェントルマンの国英国，エッフェル塔とパリジェンヌの「おフランス」となれば，あまりに遠い，夢のような国々だったのである。

　こうした日本で，国際化が実は大変なことであることが一般に理解されるようになったのは，都市部ばかりでなく，地方にまで外国人労働者，とりわけイラン人，東南アジア人が急増したバブル経済期である。東京では日暮里駅（荒川区），上野公園（台東区），代々木公園（渋谷区）などにイラン人が集まり，日用品からハラール肉まで，露店が並んだ上野公園西郷像の周辺は，とても日本とは思えないような光景を現出した。外国人犯罪がマスコミに次々取り上げられ，不法滞在者も多いことが知られるようになった。こうした状況に，かなりの日本人が感じたのが反感だった。料理の臭いからごみの出し方まで，生活習慣の違いが非難され，外国人による暴行，誘拐事件などさまざまなデマが飛んだ。次々と追いたてられて，代々木公園にもフェンスが作られ，郊外，地方へと散って行った。結局は不況の影響もあって，多くが日本を去ることとなったが，国際化といえば外人が身近にいるおしゃれな生活，とばかり考えていた

多くの日本人が，実像をようやく垣間見たのである。

ドイツの外国人排斥

こうした国際化，すなわち異文化の出会いは，世界中で摩擦を生じている。戦後のドイツはナチスの人種主義と政治的迫害への反省から，寛大に難民を受け入れた。加えて労働力不足で外国人労働者を導入した結果，人口の約9％は外国人，その4分の1はドイツ生まれの外国人労働者の子や孫という状況になった。とりわけトルコ人が急増し188万人，人口の2.3％にのぼった（1997年）。ところが旧ユーゴスラビア内戦などで難民はさらに激増，財政負担も増大，増える外国人への不安や，経済状況悪化による失業増もあって，ドイツ人の間で，外国人労働者，とりわけトルコ人に対する反感が高まり，難民規制のために基本法（憲法）も改正された。そうした中で勢力を伸ばしたネオナチによるトルコ人放火殺人事件まで起きたのである。

クロワッサン泥棒殺人事件

今なお多くの日本人にとって，フランスといえばおしゃれなパリジャン，パリジェンヌの国，というイメージだろう。ところが実際のフランスは，アラブ人，アフリカ人などさまざまな肌の色の人々が暮らす多民族国家。ベトナムから象牙海岸まで，世界に広がる旧植民地からの移民も多いから，文化摩擦による深刻な問題が生じている。

1989年には公立学校で，イスラム教徒の女子生徒が，公の場所で髪の毛などを露出しないように宗教上義務づけられているヘジャブ（スカーフ）の着用を認めるか否かが大問題になった。教育の非宗教性を基本原則とする公立学校で，ヘジャブの着用は宗教活動であり許されないというのである。

さらに深刻な殺人事件も起きた。1989年5月，パリの東約130キロの小都市ランスのパン屋で，万引きしようとしたアラブ系フランス人の若者が殺された事件である。万引きを発見したパン屋の26歳白人女性が，2階にかけ上がり，銃を持ち出して至近距離から射殺したのである。おまけにその後，近所の商店

主たちが加害者を支える会を結成，正当防衛を主張してデモ行進まで行った。

　こうした激しい反感，抵抗は，特定の民族がフランス社会への同化を始める時期に起きている。ユダヤ系軍人がスパイ罪に問われたドレフュス事件の起きた1894年も，ユダヤ人が政界，軍，メディアに進出した時期である。また19世紀末のイタリア移民，1920年代のポーランド移民同化の時期にも暴力事件が多発した。現在はアラブ系移民が第2世代に入ろうとしている時期なのである。

アメリカの民族問題と銃

　1989年1月17日，カリフォルニア州ストックトンという人口20万の町で銃乱射による殺人事件が起きた。クリーブランド小学校校庭に迷彩服の男が侵入，校庭にいた子どもたち300人に向けてライフルを腰だめにして乱射，児童5人が死亡，31人が重軽傷を負い，犯人はその場で自殺という惨事だった。この町はカンボジア人，ベトナム人など東南アジア系住民が多いことで知られ，3万5000人が住む。特にこの小学校は7割が東南アジア系で，被害者のうち20人がカンボジア人，5人がベトナム人，その他インディアン，ヒスパニックの子もいた。犯人は24歳の白人で，日頃からヒンズー教徒，ボートピープルをののしっており，人種憎悪が犯行の動機だったのである。

2 異文化の出会いと民族対立

日本人が日本人だと思っていられるわけ

　異文化が出会うことによって，さまざまな反感，敵対などが生じる。こうした摩擦の背景にあるのは，実は文化とアイデンティティの問題なのだ。

　私たちは普段日本で暮らしている限り，自分たちは日本人だと改めて感じることはほとんどない。それは周囲の人が皆同じような顔形をしており，誰もがお辞儀の意味を理解し，誰に道を尋ねてもちゃんと自分の日本語が通じ，緑茶はコーヒーカップではなく，茶碗に入って出てくるし，砂糖が入っているなどということは決してないからだ。ところが外国に出かけると，言葉は通じず，

食物は喉を通らず，人々のすることは奇妙なことだらけ。そこで日本人に出会うと，日本語が通じるし，みそ汁を同じように美味しいと食べる。みそ汁が恋しくなる自分たちはやはり日本人だとそこで痛感するのである。顔形なら中国人も韓国人も変わらない。自分，自分たちが日本人だと思っていられるのは，身体的特徴ではなく，同じ日本文化を共有しているからに他ならない。民族としてのアイデンティティは文化の共有が支えているのである。

文化変容の意味するもの

　洋の東西を問わず，昔から老人が若者を非難する口癖に，「近ごろの若い者のすることは理解できない」，というのがある。文化は多かれ少なかれ時とともに変わるから，同じ日本人のはずなのに，若い世代のすることが自分たちとは異なる，自分たちには理解できない，といったことが起こってくる。これは老人にとって，日本人としてのアイデンティティを支えるものとして共有してきたはずの日本文化自体が変わってしまったことを意味するから，自らのアイデンティティの危機として受けとめられ，それゆえに反感を生じる。

　さらにはその日本文化が，内部から変わるのではなく，異文化の影響で大きく変容してしまう，させられてしまうとしたらどうだろう。老人に限らず，日本人全体がアイデンティティを支える共通の文化を失い，自分たちが何者であるかを見失うという不安にさらされることになるから，当然大変な反感を生じることになるだろう。異民族，すなわち異文化が入ってくる場合に，強い反感，摩擦を生じる重要な要因は，異文化の影響による文化の変化，すなわち文化変容が生じ，人々のアイデンティティが危機にさらされるからなのである。

3　文化変容の諸相

文化変容の諸パターン

　文化変化には発明，発見などによる内部的要因によるものと，異文化の影響という外部的要因によるものがある。文化変容（acculturation）とは，このうち

第13章　国際化と民族のアイデンティティ

　外部的要因によるもので，複数の文化が多少とも永続的な接触を保ち，影響しあうことにより変化していくことをいう。この異文化との接触による変容には，いくつかのパターンが見られる。

　ある機能を持つものが，同様な機能を持つものに置きかわってしまうパターンとしては，高機能な鉄斧が持ち込まれて，石斧に取って代わってしまうような場合がある。他にも算盤と電卓，タライや洗濯板と洗濯機なども同じである。

　既存のものに新しい機能，意味が付け加わるパターンでは，神道の神前結婚式もその一例。日本の伝統的結婚式というと，神前結婚式と考えられがちだが，実はきわめて新しい。伝統的には嫁入り先での人前結婚式であり，神前結婚式は日比谷大神宮（現東京大神宮，千代田区）が1900（明治33）年頃，教会結婚式からヒントを得て始めたものだ。神道に結婚式という新しい機能がつけ加わったのである。

　新旧の要素が融合し，新しい体系が作り出されるパターンもあり，インドでは釈迦がヒンズーの一神とされ，日本でも神道との神仏混淆により，日本的仏教が作り出され，神道も変容した。

　菓子パンも同様で，たとえばあんぱんは銀座木村屋（東京都中央区）によって作られたが，パンとはいっても日本酒の酵母，酒種を使って発酵させたパンに餡を入れたもので，いわば酒饅頭にパンが出会って作り出された，新しい食品のジャンルである。

▶モスライスバーガー　海鮮かきあげ（塩たれ）
（写真提供：モスフードサービス）

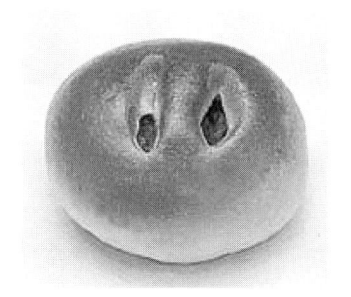

▶銀座木村屋の酒種あんぱん（小倉）
（写真提供：木村屋總本店）

アメリカ文化であるハンバーガー，ファーストフードも，1971（昭和46）年銀座三越（東京都中央区）にマクドナルド第1号店が作られて以来急速に普及したが，アメリカ式とは似て非なるものへと変わった。すなわち，米で作ったライスバーガー（モスバーガー）などが登場，ツクネ，キンピラ，照り焼き，鮭などが挟まれ，名前こそバーガーでも，実はおにぎりに近い。日本の伝統的ファーストフードとの出会いから生まれた食べ物を，コンニャクドリンク，烏龍茶を飲みながら食べるという，独自の新しい食文化が作り出されたのである。

　接触の結果新たな欲求が生じ，それを満たすために新しいものができる，というパターンもある。日本ですっかり定着しているバレンタインデーは，欧米のそれとは似て非なるものに変えられているが，さらに日本文化で重視されるお返しが必要と感じた日本人は，まったく独自にホワイトデーを作りだしたのである。

文化の出会い方と変容の形

　こうした文化変容の結果は，融合して区別がなくなり単一の文化になる，一方が他方の下位文化になる，一方が消滅してしまう，新旧の文化を調和させ完全に適応する，といった形態をとることになるが，これは出会った文化相互の関係に左右されることになる。

　まず，対等か支配服従の関係かである。戦勝国アメリカと敗戦国日本，植民地支配者としての日本と被支配者朝鮮半島の場合のように，政治的，軍事的に支配，服従の関係にあるような場合は，被支配者側が，文化の面でも大きく変容させられることになるのが通例。ただし中国のように，モンゴル，ツングースなどに侵略され，外来王朝の成立を許してきたものの，侵略者の方が数世代経つちに独自の文化を失いはじめ，やがて中国文化の中に吸収されていった，という例もある。

　接触の密度，接触した人々のレベル，そして友好的接触か敵対的接触かも重要で，戦後日本の場合，全国至るところに進駐軍，とりわけアメリカ軍兵士が駐留し，学校教育から交通整理にまでかかわり，都会でも田舎でも，子どもか

第13章　国際化と民族のアイデンティティ

ら老人まで，幅広い層との接触があった。また兵士たちは予想に反し概して紳士的だったし，日本側も一般に友好的だったから，アメリカ文化の影響はきわめて広範かつ大きなものとなったのである。

　出会った文化の差異では，違いが大きすぎる場合，かえって影響は受けにくいことがあり，他方似たようなものがある場合，容易に影響しうることになる。人気の食べ物となったハンバーガーの例でも，日本には元々おにぎりという，主食とおかずを一緒にし，片手で，手を汚すことなく，食器なしで立ったままでも食べられる食べ物があったからこそ，容易に受け入れられたし，おにぎりの具を工夫するように，本場にもない具を取り入れた新しいハンバーガーが次々作られた。主食でさまざまな副食を挟み片手で食べる，という文化がない民族だったなら，初めから大きな抵抗感があるだろう。

　出会いを仲介した者による相違では，戦後日本の場合を見てもわかるように，強制力を持つ行政官，とりわけ軍隊の場合，軍事的，政治的に弱い側が文化の面でも大きく影響を受けることになる。また宣教師など宗教者の場合も，政治的強者弱者の関係になくとも，心の内面に大きな影響を及ぼすから，宗教と直接関係ないものにも，さまざまな影響を及ぼすこととなる場合が多い。

　また国民性，民族性という面では，新しいものに対して保守的で，強く抵抗を感じる民族は影響を受けにくいのに対し，日本人のように，異文化に対して好奇心旺盛で，新しいものにすぐ飛びつく民族では，受ける影響も大きくなる。また韓国人のように，人にものを教えるのは良いことだとする民族と，そうでない民族，などといったことでも相違が生まれることになる。

4　文化変容を強いられた人々

カーゴ・カルト（積み荷崇拝）

　圧倒的な物量と軍事力を持つ異文化との接触によって，自らの文化に変容を強いられた人々の間では，土着主義運動（nativism）と総称される抵抗が起こった。なかでもカーゴ・カルトはヨーロッパの植民地とされていたメラネシア

各地で19世紀末から起こった，白人優越でない理想郷が実現するという信仰を一般的特徴とする宗教・社会運動の総称である。人々は，まもなく世界に大異変が起こり，豊かな工業製品（カーゴ）を汽船に満載して，自分たちの祖先が帰ってくるという予言に熱狂し，積み荷と祖先の到着に備えて，桟橋，空港や貯蔵庫の建設をしたり，死者儀礼，労働放棄，菜園破壊，従来の社会制度の破壊，白人への敵対行動などを行ったのである。

ゴースト・ダンス（幽霊踊り教）

　幽霊踊り教は白人の武力，文化に圧倒された先住民が，宗教的に自らの文化を取り戻そうとした土着主義運動である。1870年，アメリカ・ネバダ州のインディアン，パイユートの予言者ウォボカによって始められ，人々はゴースト・ダンスと呼ばれる儀礼を行うことによって，死者の霊がよみがえり，ほとんど絶滅した野牛が再来し，白人は消滅し，死，病気，悲惨な状況から解放され，昔の楽園がもたらされると信じた。アパッチの首長ジェロニモの降伏など，白人に対する武力抵抗敗北後の1890年には，経済的困窮，人口減少に苦しむ大盆地インディアン，平原インディアンの間に大流行した。

インディオの祭り

　ニカラグァのチョロテガ人の祭りは，なぜか白人の仮面をかぶって行う。チョロテガの人々はスペイン人に征服されたが，同席を嫌がるスペイン人によって白人の仮面をかぶらされた。そうした征服と屈辱の歴史を忘れず，将来への教訓とするために，今も仮面をかぶった祭りを続けているのである。

　スペインに征服された歴史を持つペルーのコンドル・ラチは，猛禽類であるコンドルと牛が戦う闘牛である。革紐で雄牛の背中にしばりつけられたコンドルが，牛の目や耳をくちばしで攻撃するが，牛は反撃できずに苦しむだけ。牛は征服者スペイン人を象徴し，インディオを象徴するコンドルが牛をやっつけるのを見物するのである。

5 日本の文化侵略への抵抗

創氏改名への抵抗

　日本は日中戦争開始後，朝鮮半島の人々を戦争に動員するため，内鮮一体の名のもとに，日本文化を押しつける皇民化政策をとった。朝鮮総督府は1938（昭和13）年に国民精神総動員朝鮮連盟を結成し，山間僻地にまで神社を建設，神社への参拝，毎朝の宮城遙拝，日の丸掲揚などを強要した。そして1939（昭和14）年には，先祖伝来の固有の姓名を日本式に変えさせた。これが創氏改名である。1940（昭和15）年には台湾でも，日本名への改名を強要した。

　これに対し台湾の人々は，多くが大山，徳山など山の字を使った姓にしたという。人々は，大陸の祖先の地を阿山（お山さん）となつかしさを込めて呼んでおり，大山とは大きい我が中国，徳山とは徳の備わっている我が中国という意味を表し，逆にちっぽけなお前ら日本，徳の足らぬお前ら日本と軽蔑しようとしたのだという。また陳姓の人々は潁川(えがわ)と改名した人が多いが，これも陳家の祖先の地が河南省潁川郡だからであり，さらに中目(なかのめ)と改名した人々は，中国と似た文字を選んだのだという。

　固有の名前は他の人とは異なった個人であることを確認する重要な手段だが，さらに共通の姓を共有することは家族，親族のアイデンティティを，その民族らしい一群の名前を共有することは民族としてのアイデンティティを，確保，維持するためにきわめて重要だ。したがって固有の名前を奪われ，力ずくで異民族の名前を強制されることは，個人から民族まで，アイデンティティを根こそぎ危機に陥れられることになる。軍事力を背景にした蛮行に対して，人々はかろうじてできる抵抗を行ったというわけである。

諺文抹殺政策

　さらに皇民化政策は，言語，文字までも奪おうとした。諺文(おんもん)（ハングル）抹殺政策である。朝鮮半島では中国伝来の漢字に加え，1443年李朝第四代国王世

宗の命によって作られた「大いなる文字」を意味する民族固有の文字ハングルを用い，民族の誇りとしてきた。日本はこれを抹殺しようとしたのである。1938（昭和13）年に教育令を改定，学校での朝鮮語の教育，使用を禁止し，違反しただけで罰金，落第させたりした。官庁でも日本語使用を強制し，1940年代に入ると朝鮮語の新聞，雑誌の廃刊，朝鮮語辞典の編纂を進めていた朝鮮語学会の解散などを行った。こうした文化の抹殺，圧政，差別に対して人々は激しく抵抗し，近年まで雑誌，映画，歌謡曲など日本の大衆文化が韓国で禁止されてきた背景となっているのである。

世界に進出する和製アニメ，ドラマへの反発

　日本のアニメは，その出来映えのすばらしさから，多くの国で子どもたちに人気である。「ドラえもん」は，1982（昭和57）年以来世界20カ国以上で放映され，「一休さん」が放映されたタイでは，イッキュウというニックネームが流行したなどという話もある。また，女子バレーのスポーツ根性もの「アタッカーYOU」の放映で，フランスでは，バレーボールチームに入った少女の数が3倍に急増した。また1983，84（昭和58，59）年のテレビドラマ「おしん」が世界50カ国以上で放映され，とりわけ発展途上国で大評判となったことは，よく知られている。

　ところが他方で，韓国では近年までテレビドラマ，映画，音楽など日本の大衆文化が禁止されてきたし，各国で和製の，とりわけ子ども向け番組は，子ど

▶ベトナムで人気のドラえもん

もたちの人気とは逆に，大人には必ずしも評判が良いわけではない。そしてそれは，日本国内でも批判されるように暴力シーンが多く，キャラクター商品への欲望を煽る，といったことだけが理由ではない。

　どんなストーリーでも，何らかの価値観を背景にして作られている。たとえば蟻とキリギリスの話は，利那主義でなく，将来のことを考えた地道な暮らしをするべきだという価値観を，花咲か爺さんは，正直者は必ず報いられる，といった価値観を背景にしている。忠臣蔵は，主君のためには命を捨てても仇討ちをする，滅私奉公という価値観に裏打ちされている。そうしたストーリーに接することは，その背景にある価値観に知らず知らずのうちに影響され，学習させられることを意味する。アニメ，ドラマ，昔話などは，価値観を伝達，注入し，文化を学習させる力を持つ。300年も前の仇討ちという出来事に現代日本人も美談として理解，共感できるのは，子どもの頃から，テレビ，映画などで繰り返し見せられ，大人たちがそれを楽しみ，美談だと評価しているのを聞かされてきているからだ。会社のために過労死するほど忠誠を尽くしてしまうのも，こうした滅私奉公という価値観を注入されてきた結果に他ならない。

　ではもし，そうした力を持つものが，異文化の価値観を背景にしたものだったらどうだろうか。スポーツ根性ものも，チームの勝利のためには個人が犠牲となるべきだ，という滅私奉公型の集団主義を背景としているが，これは個人主義のフランス文化とは異質の価値観である。子どもの頃からこうしたものに接していれば，子どもたちが将来日本人のような大人になってしまう可能性があり，それはフランスの文化が，日本文化によって変容させられてしまうことである。そしてそれはフランス人にとって，自らのアイデンティティの拠り所としてきたものを失うことを意味する。それゆえに，さまざまな反感を生じる，というわけである。

＊情報源＊
木村屋總本店
　東京都中央区銀座4-5-7
　http://www.kimuraya-sohonten.co.jp/

東京大神宮
　　東京都千代田区富士見2-4-1
　　http://www.tokyodaijingu.or.jp/
日本マクドナルド
　　http://www.mcdonalds.co.jp/
モスフードサービス
　　http://www.mos.co.jp/index.php

第14章　共生の時代を上手に生きる

1　共生を前向きに

国際化などしない方が楽

　前章によれば，日本はまだまだ国際化は進んでいないし，それほど深刻な事態にはなっていないことがわかるだろう。そして済むことならば，国際化などしないほうがよほど楽，と考える人も多いだろう。国際化はおしゃれどころではないのだ。

　しかし，不況とはいえ，まだまだ日本は豊かだし，長期的には少子高齢化により，外国人労働力への依存は高まるから，隣近所，同僚に外国人がますます増える。日本人自身も，望まずとも海外に出かけ，居住しなければならないことが多くなる。国際化はもはや避けて通ることはできず，異文化との出会いは不可避なのだ。さらにもう少し視野を広げてみるならば，異民族でなくとも，同じ日本の中でも，職場でも，友人，家族間でも，小さな文化の相違，価値観の相違はいくらでもある。私たちの日常生活は，いわば異文化との出会いの毎日なのだ。

異文化との出会いを前向きに

　であるなら，そうした時代，状況を単に嫌悪しているだけではどうにもならない。少しでも摩擦を緩和し，自分が，日本人が，どう生きていくべきかを考えなければならないし，さらには，そうした状況を楽しみ，有益なものへと転じ，得をするための道を探す方がはるかに望ましいことだろう。

2 自民族中心主義が摩擦を生む

自民族中心主義とは

　自民族中心主義（ethnocentrism）とは，自分たちの文化の価値観を絶対視し，それを尺度として文化的背景の異なる人々の行為について価値判断を下そうとする見方のことである。これはある意味で不可避，不可欠のことだ。自分たちの文化，価値観が良いもの，正しいものと信じることは，きわめて当然のことで，もしそうでなければ価値尺度を失い，生きていくことは困難になってしまうためだ。

　しかしそれが異文化に向けられたとき，多くの問題を生じる。自文化を基準に異文化を判定すると，自文化は正しいという前提だから，多くの場合異文化の方がおかしい，間違っている，さらには，遅れている，野蛮だ，といった判定になってしまうからだ。

サムライの目にはアメリカも野蛮の国

　1860（万延元）年，日米修好通商条約批准書交換のため，江戸幕府初の遣米使節団副使として，ポーハタン号でアメリカに渡った外国奉行村垣淡路守範正は，アメリカを無礼千万，野蛮の国，と評している。国務長官を訪問した際の日記には，「いささかの礼もなく，平常懇志の人の来たりし如く，茶さえ出さず，済ぬるは，実に胡国の名はのがれがたきものとおもはる」と記した。ブキャナン大統領に関しても，大統領ともあろうものが商人同様の筒袖股引きで何の飾りもつけず，刀もさしていない。こ

▶鬼のような顔に描かれたペリー提督

れでは上下の別もなく礼儀も知らない野蛮人だ，という。議会視察でも，重大な国家の会議だというのに筒袖股引きで，大声でののしっている様は狂人のようだと記している。

無論アメリカ側は，彼らなりの外交儀礼をもって応接したはずであるし，大統領はきちんと上着，ズボンを着用していた。ところが村垣の目には，商人の服を着た礼儀知らずの野蛮人としか見えなかったし，議会での論戦は狂気の沙汰としか映らなかった。これは彼が，日本文化の応接，正装を絶対的尺度とし，国民に選ばれた議員が，対等の立場で議論を交わす，などということは想像もつかなかった封建社会の価値観で，アメリカを見ていたからである。

民族紛争と自民族中心主義

民族，国家のレベルで，こうした自民族中心主義が極度に高まってしまうと，民族紛争，戦争ということになってしまう。米ソ間の冷戦終結後，世界に平和が訪れるのではないかという期待が高まったが，現実には各地で民族紛争が吹き出してしまった。これらのほとんどが文化を異にする民族間の対立であり，とりわけアラブ，イスラエルの場合に見られるように，世界観から人生観まで，価値観の根幹をなす宗教が異なった民族，国家間の対立はその典型例だ。

諸民族が自分たちの文化を尺度に，異文化を評価することしかできないなら，対立，戦争が絶えない世界になってしまう。友人，家族などとの関係でも同様で，自分の価値観で他の人々のすることを評価することしかしないなら，摩擦を生じるだけでなく，当人もいちいち腹が立ち，不愉快な日常生活になってしまうだろう。

グローバル化がさらに進む21世紀，人々が平和に，摩擦なく共生していくための要件は，自民族中心主義をいかに弱めるかなのである。

3 文化相対主義こそ共生の道

文化要素は全体の中で

こうした状況において注目すべきは，文化人類学的な考え方の基礎をなすともいうべき文化相対主義である。これは，諸文化を文字通り相対的に見て，絶対的見方をとらない，つまり優れた文化，劣った文化など存在しないし，そもそも，どの文化が優れ，どの文化は劣っているのかなど判定しようがない，という考え方だ。

その第一は，文化要素は全体の中で初めて理解される，という考え方だ。個別に見ると，奇妙，理解不能なことは多い。しかし，そうした要素も，他の要素，全体の中で見れば理解できる。

父親とオジを同じ親族名称で呼ぶ民族がいる。それだけ取り出せば，父親とオジの区別がないなんて，わけのわからない民族だとなる。さらには誰が父親なのかもわからないような乱婚が行われていたのではないか，などとエスカレートしかねない。ところがその民族の父子関係を見てみると，父親に当たる人と，オジに当たる人が，どちらも子どもに同じことをしてあげるし，子どもからも同じことを要求できることがわかるかもしれない。それはその文化では，父親と子ども，オジと子どもが同じ権利義務の関係にあるわけで，2人を区別する必要がない。それゆえに親族名称でも区別がない，と初めて納得がいくのである。

どの文化も環境に最適の適応

熱帯に暮らす人々の衣服が，腰蓑，ふんどしといったきわめて簡単なものであるのは，環境を考えれば当然で，裸同然は野蛮だからと，無理に洋服を着せられたら地獄である。実は日本でも，きちんとした服装として背広，ネクタイ着用を半ば強制された男性たちが，苦難の夏を過ごしているが，これも同様で，現在世界中を制覇しているこの背広は，もともと夏も暑くないイギリスで作ら

れたもの。それを高温多湿の日本が受け入れたから，環境にまったくふさわしくない異文化への適応に，忍耐を強いられている，というわけである。

このように，たとえ外から原始的なものに見えても，実はどの民族もそれぞれの環境にもっとも適した文化を作り上げているのであり，むしろ逆に文明人がいわゆる未開人の文化に習わざるをえなかった例もある。日本語にもなっているアノラックはイヌイットの言葉。極寒の地に暮らす人々は動物の皮，毛などを利用した防寒具を用いてきた。文明人の目には当初原始的なものに見えたが，文明の利器のつもりで持ち込んだ防寒具は，イヌイットのものにはかなわず，結局イヌイットの技術にならって作られ，世界に広がったのがアノラック，というわけである。

全文化共通の価値尺度は存在しない

結局どの文化も，自然環境など作られた背景は千差万別であり，それぞれの文化は各々の価値観に基づき，独自の価値判断の尺度を備えている。異なる文

先進国，発展途上国とは

先進とは，先を進んでいると書く。先進国，発展途上国という表現は，あくまで先進の方が良いことであり，発展途上国はかつて後進国などと呼ばれていたように，先進国を目標にしてはいるが，遅れている国という価値判断を含んだ表現だ。

しかしいうまでもなく，日本人をはじめ先進国の人々すべてが幸せと感じているわけではないし，発展途上国の人々は誰もが不幸，不運を嘆いている，などということもない。すなわち，この場合，物質的豊かさ，経済力，技術力などを尺度にするとそうなる，というだけのことである。日本も確かにこうした尺度なら先進国だろう。しかし時間や心のゆとり，家族のあり方，人間関係の豊かさ，死生観など，他の尺度ならば当然異なった結果となる。

先進国とはあくまで経済先進国であり，なんら但し書きを付けずに使うのは不適切。まして遅れた発展途上国はこのままでは駄目と下に見て，先進国をめざすべきだと押しつけるのは，まさに世界レベルの自民族中心主義ということになる。

共通性が高まりつつあることは事実としても，文化には本来グローバルスタンダードはありえないし，まして自文化や先進国の文化をスタンダードにして押し付けることは避けなければならない。

化を価値判断し，優れている，劣っている，といった上下の関係に序列づけるためには，一定の尺度が必要だが，どの民族にとっても，自分たちの尺度こそ正しいのであり，どの民族も納得する人類共通の絶対的尺度などというものはない，というより決めようがないのである。

共生の時代を豊かに生きる

　イヌイットが来客に妻を貸す，中国人が犬を食べる，といった個別の要素だけに目を向けて文化全体における意味を考えない，その文化のおかれた環境を考えない，その文化を自分たちの文化を尺度として評価する，といったことをしていては，その文化，人々を理解することができないだけでなく，反感，嫌悪，差別，摩擦，紛争といった結果を生じてしまう。国際化，グローバル化の時代に，世界が平和に共生していくためには，自分たちの文化，価値観だけが絶対などと考えず，世界には多くの民族がおり，どの民族も環境に適応した，独自の体系としての文化を持ち，自分たちと同じように自らの文化，価値観が正しいと思っているのだ，ということを認識した，あくまで相対的な見方をすることが必要なのだ。

　さらに，日本人ばかりの日常の社会生活でも，家族の中でさえも，挨拶の仕方から親子関係のあり方まで，さまざまな異なったやり方，価値観が出会う。そうした際にも，自分のやり方，価値観だけが絶対なのではないという相対的見方ができれば，私たち一人ひとりも，摩擦の中で，立腹，反感，嫌悪といった感情にさいなまされて生活していくようなことはなくなるだろう。

　要するに文化人類学的考え方は，国際化の時代だけでなく，日常生活，人生を上手に生きていくためにも必要な考え方なのだ。

4　国際化をプラスに転じよう

文化多元主義，多文化主義という実験

　文化相対主義にはいささか，仕方がないから，といったニュアンスがあるが，

第14章 共生の時代を上手に生きる

▶多民族共学のニュージーランドの小学校

むしろ積極的に進めていこうというのが文化多元主義，多文化主義（multi-culturism, cultural-pluralism）である。これは，一つの社会，国家の中の異なる文化が互いに存在を認め，共存していくための方策を積極的に進める考え方で，各民族の文化，価値観を平等に認めつつ，各民族が持ち味を生かして，社会全体を調和のある豊かなものにしていこうとする。そのためにたとえばオーストラリアでは，公営の多言語放送，多文化教育，少数民族の公務員への積極的登用といった政策がとられてきた。

　オーケストラが美しい音色を聞かせてくれるのも，各楽器がそれぞれの音をともに響かせるからだし，サラダがおいしいのも，キュウリばかり，レタスばかりでもなければ，キュウリとレタスをすりつぶしたものでもない，いろいろな野菜の持ち味を味わえるからこそおいしい。社会も同様だというわけである。

なぜイギリスは世界の音楽シーンをリードし続けるのか

　新しい発想は異質の人，情報との出会いによって生み出される。新しい美も，異質の美との出会いによって生まれる。イギリスはミュージックシーンで世界をリードするが，その背景にあるのは，移民などで世界中から多様な民族が集まってくる多民族国家であることだ。1960年代，ジャマイカやトリニダード・トバゴの人々が非常に増え，彼らの音楽レゲエ，カリプソが白人の音楽にも影響を与え，どちらにもなかった新しいすばらしさを持つ音楽が生み出された，というわけである。

異質との出会いが創造を生む

　新しい文化は都市，とりわけ江戸・東京のような巨大都市で創造される。封建的身分制度にがんじがらめにされていた江戸時代，錦絵という新しい芸術は，旗本，御家人，町人，職人などさまざまな階層の人々が出会うサロンに生まれたし，文化の発信地であった遊郭吉原，芝居町も，悪所と呼ばれたように，身分の枠組みにとらわれない，人々の出会いの場であった。現代でも新宿ゴールデン街など，作家，画家，演劇人，学者といったさまざまな人々が出会う街が知られるように，猥雑な，歓楽の街こそが，新しいジャンルを創造する場であることに変わりはない。

　創造に必要なのは知的刺激であり，それは異質なもの，人からもたらされる。混迷を切り拓いていかなければならない時代に，私たちが求めるべきは，まさに異質との出会いなのだ。それゆえ私たちは，さまざまな地域から，多様な文化的背景を持った人々が集う大学キャンパスを初め，あらゆるところで，さまざまな人々，文化との出会いを積極的に求める必要があるだろう。また街に出る，旅に出る，本を読む，映画を見る，さらには日常生活で人と出会う，といった機会もまた，未知の文化，異質との出会いの場として積極的に知的刺激源としていくべきなのである。

▶新宿の歓楽街

　イギリスでは文学の世界でも，インドの派手な形容詞と起伏の多いシンタックスを英語に持ち込み，これまでになかった新しい英文学を作り出したインド系のサルマン・ラシュディ，オーソドックスな英語に新生を吹き込んだ日系のカズオ・イシグロなどを旗手とする移民文学が評価されている。またオーストラリアでも同様に，ギリシャ人，ユーゴ人，アジア人などの新移民による文学が注目を集めているのである。

　日本でも，日本画家である丸木位里と，洋画家である俊夫妻が，異質のものを互いにぶつけることによって，原爆の図などの優れた作品を生み出していることが知られ，雅楽とクラシックの結合も注目されてはいるが，かつてイラン人があふれていた時代にも，日本とイランの音楽，文学が出会い，新たなジャンルを生み出した，などということはなかった。いわば貴重な機会を活かすこ

となく，逃してしまったのである。

5 民族アイデンティティは不可欠か

日本も多文化へ

　国際化が進めば，文化多元主義に向かうしかない。日本の中にもさまざまな文化が共存することになり，単一文化を否定しながら，異文化を内在化していかなければならない。それは文化に，日本人としてのアイデンティティ確認を託すことを断念しなければならない状況をもたらすだろう。これは大方の人にとって大変な，想像もつきにくい事態ではある。

民族アイデンティティ不要の新人類

　しかしそもそも，民族的アイデンティティは誰にも，絶対的に必要なものといい切れるだろうか。日本にも，異なる文化を持つ両親の間に生まれた子どもたちはどんどん増えてきている。彼らには変な外人，変な日本人といじめられる，といった辛い面もある。しかし国籍，国などというものに対するこだわりがなく，故郷はどこかと聞かれてもわからない，地球に住んでいる一員という意識しかない，むしろ，2つの文化を持っているから，人間としてより豊かになれる可能性がある，といった考えの子どもたちがすでにたくさんいるのだ。自分が日本人であることに絶対的にこだわり，自分が何人かわからないなどという状況は想像もつかない，耐えられない，恐ろしい，などという考えが化石になる時代も遠くないかもしれないのである。

＊情報源＊
祖父江孝男，1989，『日本人の国際性　その構造分析』くもん出版
村垣淡路守範正，1960，『航海日記』吉田常吉編，時事通信社

　一葉記念館
　　東京都台東区竜泉3-18-4

http://www.taitocity.net/taito/ichiyo/
新宿ゴールデン街
　　　東京都新宿区歌舞伎町1-1
　　　http://www.hanakin-st.net/
丸木美術館
　　　埼玉県東松山市下唐子1401
　　　http://www.aya.or.jp/~marukimsn/
吉　原
　　　東京都台東区千束4丁目

第15章　国際化の中で日本文化を考える

1　日本文化はそんなに特殊か

日本文化特殊論の正体

　日本語は独特で，世界でも類例のない言語であるため，日本人は外国語が苦手である，という広く信じられている神話がある。欧米には数カ国語を操る人はいくらもいるのに，日本人は中学以来延々と学んでも英語一つ満足に話せない，というのである。しかしこうした場合の外国語とは英語とほぼ同義で，せいぜい他にフランス語，ドイツ語といった欧米の言語のことを指す。英語，フランス語，ドイツ語などは，元々かなり近い関係にあり，共通の単語も数多い。ところが日本語は，近代まで英語などとは何のかかわりもないから，当然全然似ていない。欧米人が欧米の言語を学ぶのと，日本人が学ぶのとではまったく違う，といったことは忘れられ，日本人は語学能力がなく，日本語は特殊だ，という点だけが強調されることになる。

　他方で，日本人が漢字，ハングル混じりの韓国の本を眺めてみれば，要旨くらいはわかるし，逆に韓国人も漢字，平仮名混じりの日本語は相当程度わかる。日本語と韓国語は文法的枠組みはほぼ同じだし，漢語が語源の単語も多く，漢字で書けば同じ，発音も似ているものが多数ある。ハングルで書かれると，そうとはわからないだけなのだ，などという事実はあまり知られていない。

　食文化などでも同様で，日本人は刺身を食べるが，外国人は食べられない，などというのも，韓国人が刺身を食べることを知らないがための，誤った見方だろう。

要するに日本人が足元のアジア諸文化に関心が薄く，常に欧米文化を念頭におき，それと比較するために，日本文化は特殊，という誤った見方をしてしまうのである。

日本文化も結構国際的
　漢字はいうまでもなく，日，韓，中，そしてかつてはベトナムにまで共通の国際的な文字だ。カタカナ語が国際的な感じでおしゃれ，などというのは欧米しか向いていないゆえの発想で，人名にしても，林，英雄，正男など，漢字圏に共通の国際的な名前はたくさんある。
　また日本の国技とされる相撲も，中国，モンゴル，インドなどに似た競技が存在する。そもそも「相撲」という語自体，中国の角力とは異なるインドの競技を中国語に訳す時に，インド人が作ったといわれているのである。
　食文化でも，「お箸の国」は日本以外に，韓国，中国，ベトナムもそうだし，醤油も日，韓，中，ベトナム共通だ。代表的日本料理とされるすき焼き，てんぷらも元々あったものではなく，江戸，明治時代に西洋料理の影響でできたものだ。ソバとなると，料理法は異なるものの，何とイタリアでも栽培され，食べられている。
　初めて海外で桜の花を見て驚く日本人は多い。世界各地に分布することを知らないままに，武士道と結びつき，日本人，日本文化の心を象徴する日本の花と思い込んでいるからである。こうした例にも見られるように，私たちは日本文化が，異文化と多くの共通要素を持っていることを知らないままに，日本文化は特殊，と思い込んでいるといえよう。

2 日本は本当に島国か

絶海の孤島日本
　ニュージーランドはオーストラリアから何キロくらい離れていると思うか，という質問に，100キロとか50キロとか答える日本人は多い。実際は1700キロ

第15章 国際化の中で日本文化を考える

▶韓国展望所からみた釜山の夜景（後方）
（写真提供：長崎県上対馬町役場〔当時〕）

もある。他方日本と外国はどのくらい離れているか，日本と韓国はと聞かれると，1000キロなどという答えも多い。実際は，長崎県の対馬から朝鮮半島はわずか40キロ，対馬市の韓国展望所からは，天気さえ良ければ，釜山の高層ビル街まで見えるし，釜山でも日本のテレビが映る。台湾と沖縄県与那国島も約100キロで，与那国町の西崎展望台からは，天気が良ければ島影が見える。与那国島では，日本のテレビが映らなかった時代も台湾のテレビは映ったから，東京オリンピックは台湾からの中継を見た，日本復帰前には漁船で買い物にも行った，というほどである。さらに北方領土貝殻島と根室半島納沙布岬（北海道根室市）の場合は，わずか3.7キロである。鑑真が何度も渡航に失敗し失明した，遣唐使船はたびたび難破した，といった出来事ばかりが語られ，日本はあたかも絶海の孤島のような，大陸から離れた島国ということになってしまっている。他方で朝鮮半島には，手漕ぎ船どころか，達人ならば泳いででも行ける距離であることなど，ほとんど知られていない。日本文化特殊論の背景には，こうした日本人自身の日本に関する無知がある。

南西諸島，琉球の文化

地図を見ると，日本本土から鹿児島県南西諸島，そして沖縄県の琉球諸島が飛び石のように並び，台湾，中国大陸，さらに東南アジアの島々へと続いている。これは実は文化的にも同様で，琉球文化は日本だけでなく，中国文化の強

い影響を受けており，東南アジアの文化と通じる部分も多い。南西諸島は，これよりも徐々に中国文化の影響が弱まって，本土の文化へとつながる。日本文化は中国文化，さらには東南アジア文化から，どこかで画然と切りとられたものというよりは，徐々に段階的に，隔たっていくものと考えるべきなのである。

青い目の日本人

　日本人は単一民族と信じて疑わない人も多いが，もちろん日本にはアイヌ系をはじめ，コリアン，中国系などさまざまな少数民族が存在するし，沖縄の人と北海道の人を比べても，顔形にかなりの違いがある。

　現在の日本人も，彫りの深い先住民縄文人系と，稲作を携えて後からやって来たのっぺり顔の弥生人系に分かれるといわれるが，16世紀の『人国記』，元禄時代の『新人国記』には，陸奥の人々は色白で青い目をしている，と記されている。また江戸中期の国学者菅江真澄も，三陸，下北では，捕鯨にやってきた欧米人との混血があり，青い目の日本人に会うことがあると記している。

　さらに小笠原諸島の場合は，明確に日本領となったのが1876（明治9）年で，19世紀には各国の捕鯨船が水を求めて寄島，なかには住み着く者もあったし，1827（文政10）年にはイギリス軍艦がイギリス領を宣言，1853（嘉永6）年にはペリーも寄港して，ハワイからの移民を首長に任命している。さらに第二次世界大戦後はアメリカの支配下におかれ，復帰は1968（昭和43）年である。こうした歴史から，小笠原には現在も，イギリス系，アメリカ系，そしてミクロネシアのカナカ系といった，欧米系，ミクロネシア系日本人も住んでいる，などという事実はほとんど知られていないだろう。

3　グローバルスタンダードと日本スタンダード

日本人は論理的でないのか

　日本人は論理的でない，とよくいわれる。しかし，この場合の論理的とは，欧米式の論理を尺度にして評価したものであり，そうなれば，論理学の蓄積が

ない日本人が論理的でない、というのはきわめて当然のことだ。では日本人には論理はないのだろうか。なんらかの形でまとめあげて理解し、伝達していくことなしには、どんな社会も成り立たない。ただそれは欧米式の論理とは異なる。つまり日本人は論理的でないのではなく、日本人には日本式論理がある、というだけのことなのだ。

日本人はプライバシーを知らないか

　日本の住居は壁が薄い。マンションでも隣人の物音に悩まされる。ホテルはまだしも、旅館、民宿では、鍵がないどころか隣の部屋との間がふすま一枚、などというところもある。それゆえ隣室の声も筒抜け、大浴場では見ず知らずの人々が一緒に入浴し、寝間着のはずの浴衣姿で宴会である。確かに日本ではプライバシーなど尊重されないのかも知れない。実際日本語には、プライバシーに相当する言葉はない。

　しかし他方で、他人と一緒に風呂に入れないアメリカ人が、日本人には開放的すぎるトイレに平気で入る。日本人の目には、それこそプライバシーを知らない民族に思えてしまう。やはりプライバシーに当たる語を持たない中国人も同様で、他人と風呂に入ることはできないが、トイレは恐ろしく開放的だ。

　これはすなわち、何が隠されるべきで、何は隠す必要がないかが異なるというだけのことなのだ。それを自分たちの文化だけを尺度にすると、恥じらいを知らないとんでもない民族、などということになってしまう。

　さらには、五感のどれを遮断すれば私的領域が守られたことになるかも、文化によって異なる。伝統的には日本人はふすま一枚でも、視覚的に遮断されていれば、音が筒抜けで聴覚的には遮断されていなくとも、十分なのだ。日本人が音にはあまり神経質ではないことは、日本の都市空間が騒音で満たされていることからもよくわかる。

　また私的といっても、社会の仕組みによって異なる。たとえば核家族が多い今日の日本人と、日本なら親戚にあたる人々まで家族である中国人で、私的の単位も異なるのは当然である。

> **トイレと風呂が一緒の欧米式は汚いのか**
> 学生マンションでもトイレと風呂が一緒のユニットバスの部屋は人気がない。風呂に入っていて，すぐそばに便器が見えるのは汚い感じがするし，それ以前に風呂とトイレが一緒なのはおかしいというのだ。この場合は，トイレ，風呂の意味づけの相違が背景にある。日本文化ではトイレは身体の汚れを落とすところ，他方の風呂は身体の汚れを落とすだけではなく，くつろぎの場でもある。ところがアメリカ文化では，トイレも風呂もどちらも身体の汚れを落とすところであり，同じ意味づけなのである。それゆえ，アメリカ文化では，トイレと風呂が一緒の空間でもおかしくないのに対し，日本文化ではあくまで別の空間であるべきで，一緒だとおかしく感じてしまう，というだけのことなのだ。

＊情報源＊

朝野建二校注，1987，『人国記・新人国記』岩波書店
鎌田慧，2000，『日本列島を往く』1，国境の島々，岩波書店
田中弘之，1997，『幕末の小笠原』中央公論社

沖縄県与那国町
　　http://www.town.yonaguni.okinawa.jp/
東京都小笠原村
　　http://www.vill.ogasawara.tokyo.jp/
長崎県対馬市
　　http://www.city.tsushima.nagasaki.jp/
韓国展望所
　　長崎県対馬市上対馬町鰐浦996
納沙布岬
　　北海道根室市納沙布岬
　　独立行政法人北方領土問題対策協会
　　http://www.hoppou.go.jp/

第16章　フィールドワークという人間探検

1　文化人類学は体験型学問

現場へ

　文化人類学の最大の特徴は，フィールドワークから研究がスタートする，という点だ。普通学問というと，図書館や研究室で書物の山に埋もれて，というイメージだろう。もちろん文化人類学者も本を読まなければ仕事にならないが，何よりもまずは現場に出かける。そして人々の生活の場に入れてもらうことによって収集した情報，感じたこと，考えたことが研究の出発点になる。文化人類学は研究室，書斎，机上の学問というより，現場重視の体験型学問なのである。

文化人類学のフィールドワーク

　近年フィールドワークは大流行で，いろいろな分野でフィールドワークという言葉が使われる。しかし多くの場合，数日間現地へ行って見学してくる，役所や博物館に行って話を聞き，資料をもらってくる，といったことを意味している。美術史専攻の学生をヨーロッパ美術館ツアーに，日本文学専攻の学生を奥の細道ツアーに連れていく，といったことをフィールドワークと称している例も多い。ほとんどの学問分野では文献研究，デスクワークしかしてこなかったから，現地，すなわちフィールドに行くだけでもフィールドワークというわけだ。

　それに対し文化人類学者は，いわゆる未開の熱帯ジャングル，極北の氷原か

ら，伝統的社会といわれる発展途上国の農村，漁村，山村，そしてコンクリートジャングルの大都会まで，世界各地に出かけ，長期間現地に住み込み，現地の人々と同じ物を食べ，ともに行動することによって，あらゆる情報を収集する。つまり文化人類学でいうフィールドワークとは，生活体験型調査，長期参与観察による調査であり，現地の人々の生活の生の姿から，文化，社会，そして人々を全体的に理解していこうとする研究方法なのである。

2 なぜフィールドワークなのか

人が人を理解するには

　履歴書を読むよりも，写真を眺めるよりも，人づてに話を聞くよりも，実際に1度でも会ったほうが，はるかに良くその人のことを理解できる。人が人を理解するには，ともかく会うこと。会ってみなくては話にならない。学校や職場でのつきあいだけだった人と食事をともにする，ともに飲む，さらには自宅を訪問する，一緒に旅行するとなれば，なお一層理解は深まる。昔から同じ釜の飯を食べる，裸のつきあいといわれるように，人が人を理解する最良の方法は生活をともにすることなのだ。人は，食べる，飲む，眠るといった動物としてもっとも基本的な行動をともにすることによって，よりよく理解できるものだ。文化人類学は，社会，文化，そしてそれを作り上げた人々の理解をめざす学問だから，文字よりも，映像よりも，ともかく人々と会うこと，さらには生活を共有することを重視する。それゆえフィールドワークは，文化人類学にとって必要不可欠な，もっとも基本的な研究の方法，ということになる。

建前と実際，本音

　建前と実際，本音は必ずしも一致しないことが多いから，本に書かれた一般論だけでは，文化，社会，人々の本当の姿を知ったことにはならない。本には，ニュージーランドでは夜寝る時，着替えの時以外は個室のドアを開けておくと書いてあるし，人々に聞いてもそう答えるだろう。しかしこれはあくまで一般

第16章 フィールドワークという人間探検

論で，夫婦がケンカしたら，子どもが親に叱られたら，来客の時は，といった実際のバリエーションは無限。さまざまな要因が重なってドアを開けておくか，閉めておくか，半開きにしておくかが決まってくる。現実にさまざまな要因を合わせ考えて，ドアをどうするか決める際にこそ，人々の本音，価値観が見えてくる。それゆえ，単なる建前だけでなく，背後にある本音，本当の姿を見ることを可能にするフィールドワークが必要，というわけなのである。

生活をともにすれば簡単にわかること

どこに，何をしに行くのに，どの服，どの履物で行くかは，文化によるその場所，場，相手の人物などの評価と，それぞれの衣服，履物の評価の対応によって決まる。それゆえ，衣服，履物の調査には，持っているものを全部見せてもらい，どこに何をしに行く時にはどれにするかを尋ねなければならない。

しかし実際には，持っている衣服，履物といっても，普段奥にしまい込んで本人さえ忘れているようなものまであって，膨大な数になる。おまけに上下などの組み合わせがあるから，質問された側も困ってしまうし，ほとんど調査不能と思われる。ところがフィールドワークならば，同じ屋根の下で生活する調査だから，いちいち尋ねなくても，今日はどこに何をしに出かけるのか，そして何を着て行くのかは，見ているだけでわかってしまうのである。

生活を体験して初めて気づくこと

日本では衣類と汚れた雑巾，下着と台布巾を一緒に洗濯する人はほとんどいない。犬と食器を共用し，一緒に洗う人もまずいないだろう。そうした，想像もつかないことというのは，アンケート調査だったら質問項目に入れるはずもなく，調べることも，考えることもないまま終わってしまう。無論文献にも，雑巾の洗い方などということは書かれていないし，単なる見学旅行では，たとえ家庭訪問しても，そんなことを見る機会はないだろう。ところが実際に生活をともにしていれば，現場を目撃する機会はいくらもある。そして異文化への驚きから新しい調査項目が発見でき，これはどんな意味があるのかと考え，そ

れまで考えていた問題も別の枠組みで考察でき，新たな展開が可能になるかも知れない。そうしてその文化，人々がよりよく理解できていくのだ。

文化を全体として理解する

　ニュージーランドに初めてやってきた日本人は，喉が渇いても自動販売機がない，夜何か必要になってもコンビニがない，タクシーに乗ると自動ドアでない，バスに乗ろうとすればバス停に名前も時刻表もない，車内アナウンスや「はい，止まります」などという案内もない，といったことを発見する。そしてニュージーランドは不便な遅れた国と決めてしまう。日本人だけで固まった単なる観光旅行ならば，それがニュージーランドの印象最終版となってしまう。

　しかし，スーパーマーケットのレジ係と客，バスの運転手と乗客が挨拶，言葉を交わし，バス停で一緒になった人同士が，気軽に会話を始めるのを見れば，人と人のコミュニケーションを重視し，コミュニケーションを不要にするような仕掛けはできるだけ避けようとする文化が理解でき，自動販売機がないから遅れている，などと単純にはいえないことがわかるだろう。日本人だけの団体バス，日本人ばかりの土産物店では，こんな光景を見ることもないままだ。現地で長期間生活することによって，初めて個別要素を全体の中でとらえ，理解することができるのである。

文献の限界

　ある地域，人々を研究する第一歩は，当然その地域，人々について書かれた文献など，既存の資料探索から始まる。地域差は大きいが，それでも一般に蓄積は大変な量であり，片端から収集し，知識として蓄えていかなければならない。

　しかし，世界に膨大な数存在する民族の中には，十分な資料が蓄積されていない場合も多い。元々文字を持たなかった民族ならなおさら少ない。日本国内でも，一つ一つの地域，まして町内，部落といった小さな単位では，どこでも十分な文献が揃っているというわけにはいかない。

それに何よりも，いくら詳しい情報が記録されていたとしても，所詮は文字にされたもの。やはり自分で実際に実感し，見聞して集めた情報に勝るものはない。すでに他の文化人類学者がフィールドワークを行い，成果が出版されていたとしても，もう調べる価値はないなどということはない。同じ調査地といっても，人も文化も常に変わるから，時期が異なれば違ってくる。調査地が同じでも，たとえインフォーマント（情報提供者，話を聞かせてくれた人）が同じだとしても，調査者の関心，視点が異なれば，尋ねることも，見ることも，気づくことも，記録することも違ってくる。他の調査者が意味がないと捨ててしまった情報，記録していない，気づいていない情報が，自分には意味のある情報かもしれない。さらには，同じ情報でも，どんな状況で収集したのか，話してくれた人がどんな顔つき，言い回しでいったのかとなると，他人の情報ではとうていわからないのである。

実験できないこと

化学，物理学といった自然科学では，実験で集めた情報が重要な研究材料だ。相手が薬品や動物ならば，必要な情報を得るためにさまざまな状況，条件を設定して実験してみることができる。ところが社会，文化，人となると実験はまず不可能だ。葬式のやり方，死に関する考え方を知りたいのに誰も死んでくれないからといって，まさか誰かを殺してみるわけにはいかない。民族間の争いがどう解決されるのか調べたいからといって，争いの種をわざと蒔いて争いを起こしてみるわけにもいかない。それゆえ長期間滞在して，実際に経験し，見聞することができた事例を調べるほかない。

言葉の壁

対象地が母国語の通じる地域なら問題はないが，文化人類学者の出かける先は，世界中の山間僻地，全人口わずか数百人といった少数民族など，辞書，文法書すら存在しないような地域も少なくない。日本国内でも，つい2，30年前までは，方言しか話さない老人はたくさんいた。そうした地域を調査するなら

> **通訳，翻訳の限界**
>
> 　日本語の神＝英語の god ではない。辞書にはそう書いてはあるが，そもそも一神教であるキリスト教の神と八百万の神の神道の神が同じはずがない。
>
> 　ミクロネシア・ヤップ島のフィールドワークで，英語も日本語も通じない老人に話を聞くのに，若い男性に通訳を依頼したことがある。老人はさまざまな神々の話をしてくれたらしい。ところが通訳された英語ではすべて god。いたるところにいる多種多様なヤップの神々も，英語では god としかいいようがないというのだ。現地の文化で区別されているということは，それ自体に意味があるわけで，全部 god ではどうにもならない。
>
> 　日本の父とアメリカの father も当然同じではない。子どもが産まれて最初に矢を持ってやって来た男性を父とするというトダ人のような例もあるほどで，子どもと男親の間にどんな権利，義務関係があるかなど，文化によって千差万別。それゆえ父をfather と訳すこと自体かなりの疑問がある。どんな権利，義務の関係を持った人かといった具体的説明がなければ勘違いを生じる。
>
> 　本当は現地語で理解し，現地の文化の文脈で記録しない限りは，異文化の正しい記録，理解にはつながらない。通訳，翻訳とは，所詮似たようなものに置き換えたにすぎない，ということを認識している必要がある。

▶フィールドワーク（ヤップ島）

ば，事前の語学学習はむずかしいから，現地で生活しつつ実践的に学習する他ない，ということになる。

3 なぜ長期調査なのか

言葉を学ぶ

　文化人類学者はしばしば現地に1年，あるいはそれ以上滞在してフィールドワークを行う。事情が許さない場合でもたびたび訪問を繰り返す。これは一つには言葉の問題がある。先述のように，事前に語学を学習していけるとは限らないから，フィールドワークに不可欠の語学習得に時間がかかるのである。

第16章　フィールドワークという人間探検

詳細な調査，観察

　またフィールドワークは生活のあらゆる側面にわたる総合的徹底的な調査をめざすから，時間が必要。生活をともにする参与観察だから，アンケート調査のように，聞きたいことを一方的に聞けば良い，というわけにはいかない。調査したいことが，ちょうどうまく起こってくれる，というわけにもいかない。しかし，年中行事にしても，通過儀礼にしても，1年間滞在するか，せめて各季節の生活を経験すれば，たいていの行事，出来事は一通り体験，調査できるというわけである。

　さらに，建前だけでなく，本音に迫った，深く，精度の高い調査には，繰り返し観察すること，そして現地の人々と親しくなることが不可欠で，そのためには長い時間が必要，というわけだ。

4　「未開」社会の調査

全体的理解をめざして

　文化人類学といえばアマゾン，ニューギニアのジャングルに住む裸族の調査，といったイメージはかなり一般的だろう。確かに文化人類学はいわゆる未開民族の研究から始まったし，現在も重要な研究対象だが，それは文化人類学が，文化，社会というものを全体的に把握，理解することをめざす学問だから，という重要な理由がある。

　まず「未開」社会は小規模。一つの民族といっても人口数百人といった場合もあり，文明社会に比べて大変小さい。全員の親族関係を明らかにしたり，全員にインタビューするなどという可能性もある。

　完結性という点では，文明社会が他の社会，異文化とのかかわりが深いのに対して，「未開」社会は完結性が高く，他の社会，文化との関係をあまり考慮せずに，その社会，文化それ自体の姿を理解できることが多い。

　また文明社会では，社会の仕組みが複雑だが，「未開」社会は親族関係を中心にして組み立てられているため単純で，調査，理解しやすい。さらに生き方

> ### 未開，野蛮，土人，原住民，○○族という差別表現
> 「未開」という語は，未だ開けずと書く。そこには開けるのが当然，良いことである，という前提がある。しかし開けることが，そんなに良いことだろうか。開けないことはそんなに不幸なことだろうか。もしそうならば，「未開」社会の人々は毎日自分たちの不幸を嘆いているはずだし，経済大国に生まれた日本人はみんな幸せにひたっているはずだが，決してそんなことはない。「未開」と文明といっても，それは複雑化のレベル，それも特に物質的，技術的な面での違いをいっているのであって，社会，文化としての上下ではない。まして一人ひとりの人生，生き方，人としての値打ちといったものに上下があるはずもない。あくまで物質，技術といった一面的な尺度での比較にすぎない，ということを認識するべきだろう。
> 　野蛮などという語はさらに不適切で，首狩りをする野蛮人と，資源を浪費し，環境を汚染し，世界を一瞬にして滅ぼしてしまう核兵器などというものを持つ文明人を比較してみれば，何が野蛮かを判定することは，はなはだ難しいことがわかるだろう。
> 　したがって，文化人類学者は，「未開」，野蛮，土人，原住民，などという表現は使わない。それにかわる表現は必ずしも明確でないが，単純な社会，無文字社会などの表現を用いる。本書で「いわゆる」未開社会としているのもそのためである。
> 　○○族という表現も，日本語，中国語に共通の表現だが，たとえば日本族とかバスク族とはいわないのに，ニューギニアだととたんにダニ族，モニ族などとなる。すなわち「未開」人は族，文明人は人と区別しているわけで，きわめて差別的な表現だといえよう。人はその生活とは関係なく，当然どの民族もフランス人，ダニ人，モニ人などと呼ぶべきだろう。

も職業も，そして生活時間一つとっても多種多様，千差万別の文明社会と比べると，同質的で，未分化だから，職業分化も，多様な価値観もない。ものも少ないから，生活もさほどの違いがない。そうした社会では一部の人々を調査対象としただけでも，十分その社会，文化，人々を理解することができるのである。

記録自体が有意義

「未開」社会は，異文化との接触が限定され，数万年もの間ほとんど変化することなく続いてきた。しかし文明社会との接触が進んで以来，急速に変化し，飲み込まれ，もはや地上からほとんど消え去ろうとしている。ところが「未

第16章 フィールドワークという人間探検

開」社会は元々文字を持たなかったから，人々自身が自分たちの文化を記録として残すことがなかった。いわばかけがえのない人類の文化遺産であり，これを記録し，保存しておくこと自体に重要な意味があったのである。

文明社会の理解，問題解決に有意義

　異質なものと比較することによって，初めて自らの姿がわかるという例は多い。文明社会の理解の場合も同様で，文明社会では当たり前すぎて誰も疑問に思わないことも，それが当たり前でない「未開」社会に接することで，初めて気づき，考える。それによって自らの理解が深まるということになる。

　また文明社会より遅れているから「未開」，といった単純な理解は間違いで，文明社会が直面する困難な問題も，逆に未開社会では何ら問題になっていない，などという例は多い。それゆえ「未開」社会の理解が，環境，資源，差別，戦争といった種々の問題の理解，解決に寄与することも多いのである。

5　自らの文化の調査

外からの目

　日本民俗学は自文化の歴史再構成を目的としたから，日本国内各地の調査を行ってきたのは当然のこと。ところが，「未開」社会に出かけ，諸文化を比較研究するはずの文化人類学者もまた，一般のイメージとは異なり，自らの文化の調査を盛んに行ってきている。そのもっとも単純な理由は，やはり予備知識，言葉の面で，そして時間的，経済的な面で調査が容易だからだが，より積極的な意味も大きい。

　つまり同じ自文化の調査といっても，内側からの目で見る民俗学とは異なって，文化人類学は異文化との比較，すなわち外からの視点で見ることが可能だ。たとえ日本人であっても，文化人類学者はかなりの程度異民族としての目を持ち込むことができる。日本人には当たり前すぎて気づきもしない日本文化に気づき，考えたこともない理由を考え，異文化との比較で説明できたりするので

ある。

　さらには，異文化との比較により，自文化が直面している，自文化に潜んでいる問題へのより深い理解と，対応を提示していくことも可能となる。

異文化理解のベース

　異文化の理解といっても，自文化というベースがなければ理解はできない。人は未知のものに出会った時，類似した既知のものとの対比，類推によって理解しようとする。異文化との出会いも同様で，カルチャーショックを受けつつも，自文化における似た例と比較しながら，類似点，相違点を考えて理解していくのだから，自文化を知らずしては異文化の理解は不可能となる。異文化理解をめざす文化人類学者は，なによりもまず，自文化を知らなければならない。

6 都市の調査

都市こそ人類の生活の場

　「未開」社会，伝統的社会，国内でも農山漁村の研究に力を注いできた文化人類学だが，近年は都市でのフィールドワークも増えてきている。これは一つには，現に未開社会が消滅し，伝統的生活も日本だけでなく，世界各地で都市的生活に取って代わられつつある現在，「未開」，伝統的社会にのみこだわっていては，研究自体が成り立たないからである。

　しかし，そうした消極的理由ではなく，積極的に都市を調査，研究対象とする文化人類学者も多い。なぜならば世界各地で人口の都市集中が進み，日本では総人口1億2806万人中，市部1億1616万人に対して，郡部は1190万人にすぎない（2010年国勢調査）。さらに首都圏の東京都1316万人，神奈川県905万人，埼玉県719万人，千葉県622万人の合計3562万人は，日本の総人口の約27.8％，東京都だけでも約10.3％，日本人の10人に1人は東京都民なのである。加えて文化の面でも都市化が進んでいるから，都市の，とりわけ大都市の，そして一極集中といわれるように東京の影響力はきわめて大きい。これでは都市を語ら

ずして,さらには東京を語らずして日本の社会,文化を語ったことにはならないといっても過言ではないだろう。

また今や,人類が直面している諸問題も,環境問題から異文化間の摩擦まで,多くが都市にかかわる問題で,これらに触れることなく,社会,文化,人というものの理解はありえない。さらに文化人類学は,理解するだけでなく,その調査,研究の蓄積,そして異文化の知恵を,問題解決策を探るヒントとして応用することも可能なのである。

新たなフロンティア

かつて文化人類学者は未知の人々,文化との出会いを求めてアマゾン,ニューギニアなどのジャングルに分け入った。今日未知のジャングルも人々も消滅したが,実は多種多様な人,もの,情報が集中錯綜する大都市は,文字通り何に出会うかわからない,日々新たな文化が創造される未知の世界となりつつある。人類にとっての新たなフロンティアは,むしろ私たちの足元に広がるコンクリートジャングルであり,都市こそが文化人類学者にとって冒険心と知的好奇心を刺激する,魅力にあふれたフィールドなのである。

7 数字にする調査,しない調査

予測通りに光を当てるアンケート——定量的調査

社会調査というとアンケートと考える人が多い。世論調査から怪しげな路上セールスまで,アンケート調査が大活躍である。質問も明快,答え方も,はい,いいえ,わからないと単純明快。結果は数字として表れ,統計的に処理される定量的調査だから,大変に科学的に思える。ところが文化人類学者はアンケート調査を行うことはあまりない。それはフィールドワークと,アンケート調査では,性格が大変に異なるからである。

アンケート調査では,質問はあらかじめ設定されているが,質問とは,こういう点が重要なのだろうと,あらかじめ問題意識なり,見通しなりを持ってい

るからこそできる。すなわち，初めから光の当て方を決めた上で当て，反射のしかたを想定範囲内で見ようとするのがアンケート調査なのだ。それゆえ当然光を当てていないものは見えない，つまり聞かれていない問いへの答えは出てくるはずがないし，用意された答え方以外の答えは出てこない，ということになる。

出てくる光を読みとるフィールドワーク──定性的調査

　これに対してフィールドワークでは，インタビューするに際しても，質問は糸口に過ぎず，できるだけ世間話式に，あくまでインフォーマントに話してもらう。無論答え方は千差万別，はい，いいえなどという簡単なものではない。話もどう脱線するかわからないというのが定性的調査だが，これなら質問されていなくても，インフォーマントの側で重要だと考えることが語られる。さらには質問以外の，見たこと，聞いたこと，感じたこと，あらゆる情報を総合して理解することも重要視する。結局効率は悪いし，予測はつかないし，集めた情報は数字に直しようもない。要するに調査する側ではなく，インフォーマントの側の問題意識を探ろうとするのであり，こうしてこそ，現地の社会，文化，そして人々の真の姿を知ることに近づけると考える。すなわち光を当ててみるだけでなく，むしろ対象から出てくる光を見ることに重点をおく。そうして収集した当初ばらばらに見える事細かな情報も，集めてみると相互に関連が生じ，何かを語ってくれるようになるのである。

仮説と検証

　研究というものを進める方向は，大きく分ければ2つある。一つは，大家によって唱えられた理論を現場に当てはめるという問題追求型で，権威ある理論に沿って質問事項を準備し，分析する。これに対してフィールドワークによる調査は，むしろ現場で収集した情報をもとに問題を見いだし，追求していく。ある程度の仮説は準備し，検証のための質問，観察を行うが，その結果出てくるものから新たな問題を見いだし，それを理解するためにさらに新たな仮説を

設定し，検証を進め，理論を構築していく。フィールドワークはいわば，現場発想型研究ということができよう。

8 フィールドワークは非科学的か

サンプルの少なさと偶然性

　アンケート調査では大量の調査紙を配布，回収することが可能だが，一人の人から長時間にわたって，詳しく話を聞かせてもらうというフィールドワークでは，当然サンプル数が限定される。

　またフィールドワークでも事前調査を行い，準備を整えて行った方が良いには違いないが，他面で偶然性も重要になる。たまたま列車の中で知り合った地元の人に教えられ，紹介され，といった経過で情報が収集されるかもしれない。たまたま飛び込んだ家でのインタビューの最中にやってきた人が話に加わってしまい，思いがけない情報をもらうことになるかもしれない。質問のしかたも臨機応変，インフォーマントの答えも，調査の時間帯，調査者の言葉遣い，礼儀作法から，同席者，インフォーマントの忙しさ，ご機嫌に至るまで，さまざまな要因に左右されるから，誰が質問しても同じ答えが出てくる，というわけにはいかない。

　こうした偶然性に左右される少数のサンプルによる調査は信頼性が低く，条件を設定すれば誰がやっても同じ答えが出ることを重視する他の諸分野からすれば，まったく非科学的ということになる。

数字にできると科学的，できないと非科学的なのか

　定量的調査は，実証的，客観的，科学的だとされている。サンプルも，質問紙を配って回収すれば良いのだから，確かに幅広い。しかしサンプルをいくら増やしても，浅く広く表面的な情報の収集にとどまっていれば，出た結論は一般的とはいえないし，客観的，科学的であるともいえない。また何と何を問うべきか，どう答えるべきかが調査者によって初めから設定されているから，そ

れ以外の情報は出てこないという点で、むしろきわめて主観的なものだ。サンプリングも、性別、年齢、学歴などの属性を取り上げて、偏りがないように行うとしても、属性は無数にあり、どのような属性についてばらつきがないようにするかは、調査者の主観でしかない。

　他方フィールドワークは、直接会って話を聞ける人の数や、自分で実際に体験できることは限られるから、サンプル数は少なく、属性の偏りも大きい。しかしそれを通して調べられる事柄はきわめて多様で深いし、あらかじめ設定された質問項目の範囲を出ないなどということはなく、調査地の人々の側の重要と考える情報が、人々の側の文脈の中で収集できる。

　またアンケートは誰が、いつやっても同じ結果が出てくるような調査であるのに対して、フィールドワークは、ちょっとした言葉の使い方から、調査者とインフォーマントの人間関係までもが結果に影響する。それゆえアンケートの方が客観的、科学的で、信頼性は高いように見えるが、妥当性、すなわち調べようとしている本来の問題を的確にとらえられる方法かどうか、という点では、必ずしも優れているとはいえない。

　要するに定量的調査が、浅く広く、かなり多くのサンプルについて集められたデータをもとにして、比較的少ない数の要因の間の関連を調べようとするのに対して、定性的調査では、比較的少ない数の事例を詳しく分析することによって、できるだけ多くの要因間の関連性を分析しようとする。したがってフィールドワークという定性的調査は、対象地域の文化、社会の姿の全体像をとらえるという目的のためには、きわめて妥当性のある調査法なのである。

科学的であることがそんなに重要か

　生身の人々、その行動、そして人々が作り出した文化や社会は複雑怪奇なもので、多くの矛盾、非合理性に満ち満ちている。そうしたものに対してフィールドワークは、出来合いの概念や理論で単純化、抽象化して把握し、矛盾したもの、非合理的なものを切り捨てる、という理解の方法をとらない。むしろそのまま丸ごととらえようとする。文化人類学は社会科学というよりも文学に近

いという文化人類学者もいるほどで，たしかにいわゆる科学的とは異なる面も多いかもしれない。しかし人がかかわることに法則，一般性，普遍的妥当性などをあてはめようとしても，所詮限度がある。結局人を理解するとは，出会いと生の理解がすべてなのかもしれないのであり，重要なのは，科学的，合理的であるか否かではなく，どれだけ人というものの理解に迫れるかなのだ。

知っている，わかっているとは何か

　フィールドワークなどという言葉は一般の人には通用しない。しかし日本国内ならどこでも，郷土史家がいるし，民俗調査も盛んで，民俗・歴史・郷土資料館があったりするから，大学の研究者，学生で，研究のために，地域や生活について話を聞かせてもらいに来ました，といった説明をすれば理解してもらえる。ところが，途上国の場合はそうはいかない。高等教育に無縁な人が多いから，大学，研究などといっても理解してもらえない。人は理解できないものには警戒してしまい，協力などしてくれないから，なんとかして理解してもらわなければならないということになる。

　タンザニアでフィールドワークを行った和崎洋一も，当初何をしても理解してもらえなかった。ムラの中を観察しながら散歩しても，散歩などということをしない人々には理解されない。まして畑の作物を調べたり，儀礼のしかたを聞いたり，といったことがいったい何の役に立つのか，そもそも，そんなことをする人の存在自体が人々の想像を越えていたのだ。そこで和崎は，サイエンスをもじって「サイエンシ」なる言葉を作り出し，作物の様子を調べていて，何をしているのだ，といぶかる人に，サイエンシをしているのだ，と説明する。それを繰り返しているうちに，ある日，昆虫を調べていた和崎を見て，ある人が，サイエンシをしているのだね，と向こうから話しかけてきたという。それまで存在自体知らなかったものが，名称を与えられ，そうした仕事が存在するのだと反復して説明されるうちに，人々は和崎の仕事はサイエンシという仕事で，そういうことを仕事にする人がいる，ということを納得した。それ以後人々はいぶかることなく，和崎の仕事，そして存在を認めてくれたという。

　私たち自身でも，理解している，知っているなどということは，実は同じようなことで，たとえば，行政の指示で，といわれれば納得している人も，行政とは何かをどの程度理解してのことだろうか。生活共有調査を重視するなどという文化人類学者にしたところで，生活とは何かを改めて説明しろ，といわれれば一瞬たじろぐ。私たちは，何となく知っているつもりになっていることがはなはだ多いのである。

9 フィールドワーカーの条件

旅する力，体力，脚力

　フィールドワーカーは旅人でなければならないから，まずは身軽さが必要。旅に出ること，街を歩くことをおっくうがる出不精では向いていない。また旅を実行に移すには，若干の財力，旅人としての基礎知識，そして体力が必要。異文化の生活，とりわけ途上国や「未開」社会を経験するには，暑さ寒さに耐えられ，強靭な胃腸を持つなど，かなりの体力が必要だし，街歩きにも脚力が必要だ。あと一歩進めば見えたはずのものが，もう疲れたからとやめてしまえば，永遠に存在すら知らないままになってしまう。歩くのが苦手では話にならない。

謙虚さと非神経質，好奇心

　他人の生活の場に入れてもらい，教えてもらうのだから，何よりも重要なのは謙虚さだ。丁寧な言葉遣いは無論のこと，部屋に通されたら場所を示されてから座る，質問も相手の反応を見ながら尋ねる，入る，触る，見る，写真を撮るなどはまず許可を求めてから遠慮がちに，といった謙虚さが必要。相手を不快にさせたら，聞ける話も聞けなくなる。

　またできる限り現地の生活に入り込むためには，神経質でないことも重要で，不潔，まずいと，いちいち気になってしかたがない人は向かない。日頃の生活パターンを容易に変えられるかどうかも重要で，毎日必ずしなければ嫌だ，ないと生活できない，などというもの，ことが多い人ほど向いていない。

　そして何よりも好奇心と探索心。あと一歩路地に入ってみないと，裏側に回ってみないと気が済まない，切符もチラシも何でも収集，聞いたこと，読んだことは何でも記録しないと損した気がする，というような人は最適。犬に咬まれても，腹を立てる前に，飼い主がどう対応するか，わくわくして待ちかまえるのがフィールドワーカー魂なのだ。

フィールドワーカーの良心

　調査によって収集した情報は，プライバシー，地域の利害にかかわるものなど，公になればインフォーマントに思わぬ迷惑をかけることになりかねないし，利用して利益をあげようなどというのも，協力してくれた人々への背信。当然純粋に研究目的のみに使用するべきだ。

　また聞き放し，調べ放しにせず，本，論文などとして発表した場合は，調査地に送ることはもちろん，記録として残される可能性の低い資料，情報の保存，公開に協力するなど，調査地への還元にも配慮しなければならない。

10　教育としてのフィールドワーク

ものの見方，考え方を学ぶ

　大学教育の目的は知識の切り売りではない。学問を通して，生きていく上で重要な，より本質的なことを教え，考えさせなければならない。フィールドワークは，教室，講義を離れ，現場でこうした目的を達成する優れた教育でもある。

　たとえば私たちは，目があれば見える，耳があれば聞こえる，と当然のように考えている。しかしながら物事は，関心を持ち，自らかかわることによって初めて見えてくるものであり，知らないこと，関心がないことは実は見えてはいない。また見えているとしても，同じ物事でも，関心，視点，考え方が異なれば，見え方も変わる。こうしたことは，日常の慣れ親しんだ生活のなかではなかなか気づかない。しかしフィールドワークは，日常とは異なった生活の場に入り，その中での情報収集を体験することによって，視点の重要性，関心を持つこと，自分のものの見方，考え方を持つことの重要性を，気づかせてくれるのである。

情報の貴重さを知る

　私たちは情報が貴重なものだということは，一応わかってはいるが，さほど

の実感はない。しかしフィールドワークでは，一歩余分に歩いたために出会った情報や，インフォーマントの何気なく漏らした一言が，自分の研究の方向を決める。逆に一言聞き漏らした，書き漏らしたために，研究に重大な穴が空いてしまう。たった一つの情報を得るために大変な時間と手間をかけ，たった一言を聞くために大変な配慮が必要となる。こうした経験は，情報の貴重さを身をもって学ぶ機会を与えてくれる。

人間関係，社会常識の重要さを知る

　人は感情によって動くものであり，社会常識にふれる機会の少ない学生には，とりわけ礼儀作法，言葉遣い，相手への気配りがいかに大事かを実感させる良い機会になる。たとえばお辞儀のしかたから始まり，座敷の形状をよく観察して，上座，下座を識別し，居合わせた人々との関係によって，座順を判断する，どこに座らせてもらえるか相手の指示を待つ，お茶，料理などを出されても，目上の人に配慮し，自分から先には箸を付けない，といった実に細かい気配りが，実はどのような情報を提供してもらえるかを左右する重大なポイントであることを学生に痛感させる機会となる。

自分の生活，人生を考える

　将来の職業選択を控えた学生にとって，実際に社会で働く人々と接することは，職業を持つこと，働くことの意味を先輩から直接教えてもらい，自らの進路について考える良い機会となる。

　また，異なった場所で，さまざまな生活，人生を送る，異なった世代の人々と出会うことは，自分の生活を振り返り，人生，将来を考える良いきっかけともなる。とりわけ夫婦，親子の関係から家族団らんのしかたまで，日本とは大いに異なった異文化の家庭に直接触れることは，近い将来結婚し，家庭を築いていく若い人々にとって，学び，考える材料をたくさん与えてくれる。

第16章 フィールドワークという人間探検

広い視野，相対的な目を持ち，国際化に対応

　どんな所でも気持ち悪いなどといっていられないフィールドワークは，単に勇気，度胸をつけることを越えて，異文化との共存を図らねばならない国際化時代に生き残る条件である非神経質な人，すなわち本物の国際人をめざす訓練の場となる。

　さらには，異なった価値観を持った人々に接することで，世界は広く，人はいろいろであることを知り，逆に自分たちの生活，価値観も多くの中の一つにすぎないという，広い視野，相対的な目を持った人を育ててくれる。

11　フィールドワークのロマン

究極の旅

　旅にあこがれる人は多い。未知の土地に降り立ち，これから出会う街に思いを巡らすだけで心が踊る。それは旅が日頃生活する地域を出て，他の地域へと入っていくこと，すなわち日常の生活からの一時的離脱を意味するからだろう。旅とは非日常を求めるものなのだ。とすれば，単に空間的に異なった地域に入るだけでなく，未知の人々と出会い，日常の生活とはまったく異なった異文化の生活の中に入り込み，研究者であること，学生であることからも離脱し，その土地の人になってみることができるフィールドワークは，まさに真の旅，究極の旅，ということができるだろう。

人々との出会い

　排他的なインディアンの社会に入ろうとして現地人と結婚したものの，結局資料を焼き捨てて，すっかりインディアンになってしまった若いアメリカの文化人類学者がいるという。フィールドワークに来なければ，一生けっして知り合うこともなかった人々と出会い，友情を育み，時に親戚づきあいのような交際が続くこともある。人が好きだから，人というものの探求をめざす文化人類学者にとって，こうした未知の人々との出会いこそが喜びなのである。文化人

類学者にとって，フィールドワークは永遠のロマンということができるだろう。

＊情報源＊
佐藤郁哉, 1993, 『フィールドワーク　書を持って街へ出よう』新曜社
和崎洋一, 1977, 『スワヒリの世界にて』日本放送出版協会

第17章 フィールドワークのテクニック

1 フィールドを選ぶ

入れるか,生活できるか

　ある地域の社会,文化などを研究することそれ自体が目的で,初めから調査地が決定されている場合もあるが,そうでない場合は,テーマ,調査項目によって調査地を選定する必要がある。その際まず問題になるのは,政治状況,治安。日本ならどこでも問題はないが,海外では,政治状況によっては,調査地に入れない,さらにはそれ以前に入国できるかどうかもわからない,という場合もある。紛争地域でなくとも,治安がどの程度維持されているかも重要な条件である。

　また,「未開」社会なら無論のこと,伝統的社会でも,さらには都市でも,衛生状態は千差万別で,健康,生命にかかわることだから,やはり重要な条件になる。

　こうした条件をどこまで重視するかは調査者の熟練度,神経の太さ,調査の必要度などによって異なるものの,生活共有調査を志す文化人類学者は概してこうした条件,とりわけ衛生状態などあまり考慮しない。

言葉はどうするのか

　フィールドワークは現地語で行うのが理想的だし,それ以前に長期滞在で言葉が通じないのでは困ってしまう。現地に行ってから生活の中で学習する方法もあるが,事前に習得済み,あるいは習得できる言葉が通用する地域であれば

好都合，ということになる。

文化圏，歴史的条件

　調査のテーマが決まっている場合は，それにふさわしい地域を選ぶ必要があるが，どの程度細かな情報を求めるかによって，狭い地域，広い地域さまざまなレベルの範囲が決まってくる。

　ただし比較調査を目的とするのでない限り，ある文化を研究する以上，文化圏が異なる地域をひとまとめに調査することは困難だし，意味がないから，文化圏は，調査地，調査範囲を決定する上で十分考慮しなければならない。

　これは日本国内でも同様で，現在同じ県でも，江戸時代に異なった藩であった場合文化圏が異なる，などという例は多い。たとえば岩手県は盛岡藩領，仙台藩領からなっているし，紀州藩領は和歌山県と三重県に分かれてしまっている。藩が異なるということは，今でいう国が違うというのに近く，法律，諸制度が異なっていたため，現在でも慣習などが違うという場合がある。茨城県西茨城郡七会村（現東茨城郡城里町）のように，一つの村でありながら，旧笠間藩領の村と水戸藩領の村が合併してできたため，選挙などで旧藩単位の対抗意識が長く残った，などという例もあるほどなのである。

2 出かける前に

現地入りの準備

　フィールドワークに出かけることが決まったら，日程調整，交通，宿泊などの手配は当然重要だが，特に心がけなければならないのが情報の収集。現地に行ったことのある人や，図書館，官庁，インターネットなどで情報を収集する。一般の旅行者が行かないような所も多いから，観光地情報を集めるようにはいかず，情報収集の技術を身に付けることも重要な課題となる。さらに入国しても，その地域，ムラ（部落）に入るために，特別の許可，紹介などが必要な場合もあるから，コネを含めた情報は重要である。

旅仕度は現地主義

　健康と安全確保のためには十分な情報収集と準備は必要。しかし旅先で日常と同じものに囲まれていれば確かに生活は快適だが，フィールドワークは生活を共にする調査。現地の人々とできるだけ同じ生活をすること自体が重要な調査手段なのだ。それゆえ日常生活を引きずった重装備の旅では，現地の人との距離も大きく，異文化に敏感になれる心の感度も上がらず，結局十分な情報を収集することができない，ということになる。それゆえフィールドワークの旅仕度は現地主義が原則。現地の人が使うものを自分も使う，現地で手に入らないものは，現地の人が使わずに生活しているものなのだから，なしで済ますという位の心構えが必要になる。

質問，観察の準備

　こちらから光を当てて見えるものよりも，向こうから出てくる光を見ることが重要だから，予断を持ちすぎてはいけない。しかし，これは教えてもらいたい，見ておきたいということを，あらかじめ考えておく必要はある。一つには，その地域のすでに知られた特徴的な文化，自分にとって興味を持てそうな，おもしろそうなことは知っておきたいからだが，調査の糸口としても，具体的に何を知りたいのかをある程度考えて行かないと，光もなかなか見えてこないからだ。特に初心者は，何を，どう質問していいのか，何に注目するべきか，現地に行ってもなかなか見当がつかず，とまどってしまう。それゆえ，周辺地域，他地域も含めた，できるだけ多くの情報を収集し，先行研究に当たってみる必要がある。そしてこんな情報を得るためには，どんな質問の仕方をしたのだろう，何を見たのだろうと考えてみる。

3 フィールドの実際

どうやって入れてもらうのか

　現代の日本国内なら，無論どこでも自由に訪ねて行くことができる。しかし，

いくら日本国内でも，大勢の学生が，何日も小さなムラに滞在し，家々を訪ねて回る，ということになると，まったく予告もなしにというわけにもいかない。農繁期や行事の予定もあるかもしれない。事前に自治会長などに依頼状を送り，協力を求めるといった必要もある。

　海外となると事情はまったく異なる。日本国内と同じように，どこでも自由に訪ねられるとは限らない。まず入国自体に特別なビザが必要ということもある。外国人が自由に立ち入れない地域もあるし，警察，行政の許可が必要かも知れない。また，地元有力者の許可，紹介が必要かも知れない。そうした手続きを無視しては，調査が成り立たないだけでなく，トラブルを引き起こしかねない。

　そうした問題をクリアしたとしても，こんどは，地域の人々が受け入れてくれるかどうかは別問題。いきなり訪れた外来者，外国人でも，歓迎してくれる民族もいるが，文化人類学者は，さまざまな工夫をして入れてもらう。掛谷誠はザイール調査に当たって，呪医に弟子入り，という形で入れてもらったし，上田冨士子はケニア・カンバの調査で，現地の子どもの割礼親になり，人々の信頼を得た。山本真鳥はサモアで現地の人の養女になり，畑中幸子はポリネシアで現地名をもらった。途上国では，医療，薬に恵まれない地域も多いから，歓迎される薬を用意することも多い。医師でもある富川盛道は森のドクターと呼ばれ，病気治療で信頼を得た。また和崎洋一は塾を開き，子どもたちの指導を通じて大人たちの信頼を勝ち得たという。

行政を介した正攻法

　インフォーマント，つまり話を聞かせてもらう人を探すのに，多くの人が思いつくのが，行政を介する方法だろう。都道府県庁，区市町村役場の広報，総務担当部課，教育委員会，区市町村誌（史）編纂室，博物館，資料館などでは，豊富な資料を備え，情報を得られるだけでなく，郷土史家など分野ごとの専門家，自治会長，地区の有力者などを紹介してもらえる。役所は個人情報や差別にかかわるような調査内容でなければ，研究者，大学生の調査には協力してく

れるし，役所の紹介ならば訪ねた人々も協力してくれるから，一番確実に情報を手に入れる方法である。

　ところが行政を介した正攻法にはマイナス面もある。役所からの情報はあくまで公式情報であり，差別にかかわることなどは，たとえ実態がそうであっても，情報を提供してもらうことは難しい。また役所の紹介する人は，自治会長，婦人会長といった公的立場にある有力者や，元校長，教員，郷土史家といったインテリが多く，確実な情報を，的確に整理，分析して提供してくれる。しかしそれは必ずしも，一般の人々の知っていること，考えていることと同じとはいえない。また役所の紹介ならば，しかるべき人に会ってもらえるが，相手は身構えてしまい，必ずしも本音を引き出せないという場合もありうる。

偶然が貴重な情報をもたらす飛び込み法

　その点，たまたま通りかかった人，飛び込んだ家の人に話を聞くというやり方だと，あらかじめどの分野の話を聞ける人かはわからないから，効率が悪いし，それ以前に断られてしまうこともある。しかし，そうした人々に信用され，段々に話が弾むうちに，思いがけない情報がもたらされることがしばしばある。建前でない本音の話，外にはあまり知られたくない話なども，そうした人々から聞かせてもらえることが多い。

アウトサイダーの目

　地域のことならば，そこで生まれ育った，長年住んでいる人，地域の事情に詳しい有力者，郷土史家などに聞くのが当然と思われるだろう。確かにそうした人々はインサイダーだから，的確な情報を与えてくれる。しかし他方で，生え抜きでない人々，地域で中心的立場にいない人々もまた，貴重な情報を与えてくれることが多い。たとえば嫁，婿，養子として転入してきた人々などは，歴史や細かい習慣はあまり知らないが，地域をかなり客観的に見ているし，まして転勤で農山漁村にやってきた教員，公務員，医師といった人々は，出身だけでなく，職業的にも地域の人々とは異なるため，きわめて客観的に，外側か

ら見た情報や，外にあまり出したくないような情報をも提供してくれたりする。地元出身でも農民，漁民にならず，商人，サラリーマンになったといった人々も，一般の人々と異なった視点からの情報を持っている。さらにムラの中の少数派，反主流派，たとえばムラ中が親戚といった地域で親戚関係のない人，ムラ八分があった時代に差別された側の人，革新政党支持者，新興宗教信者などは，批判的な見方をしている場合もあり，大部分の人々からは得られない情報がもらえることも多い。

4 インタビューのテクニック

脱線歓迎の世間話インタビュー

　インフォーマントは，いくら事前に依頼してあっても，いったい何のためにと不審に思い，何を尋ねられるのだろう，質問にちゃんと答えられるだろうかと不安に思っている場合が多い。それゆえ初めから難しい質問，答えてもらえるかどうかわからないような質問はせず，日常の買い物の話，孫の話など，誰でも答えてもらえるような質問，相手の年齢，性別，家族状況，経歴などに合わせた質問から始める。そうして話すうちに相手も安心して，いろいろな質問に答えてくれるようになるし，相手の得意分野もわかってくるから，それを重点的に尋ねればよい。

　考えてきた質問を順番通りに質問していく必要もないし，質問をそのまま読み上げるような尋ね方は下手。質問は話の糸口，きっかけで，後はできるだけインフォーマントに思いつくままに自由に話してもらう。それは一つにはインフォーマントを緊張させたり，逆に退屈させてしまったりしないためだが，さらには調査者の質問だけに答えてもらっていたのでは，アンケート調査と変わらなくなってしまうからでもある。質問事項とは調査者の問題意識を反映したものでしかないが，フィールドワークでは，むしろ調査される側の問題意識をいかに汲み上げるかが重要。したがって質問はあくまでインフォーマントに考えてもらうきっかけに限定すべきなのだ。インフォーマントは質問には答えて

くれるだろうが，いやこういう場合もあるとか，むしろこういうことの方が重要だとか，さまざまな反応をしてくれる。そこから話が発展したら，いくら脱線してもかまわない。むしろそこからインフォーマントの側の視点，問題意識が見えてくる。それこそが文化人類学者が求めているものなのだ。

したがってインフォーマントの答えによって，新しい質問をその場で次々考えていく必要もある。世間話をしながら，聞くべきことは聞き，新しい展開を頭の中で予測して質問し，さらにインフォーマント側の論理，問題意識をつかめるようにしなければならない。

複数の情報源

同じ質問も，複数の人に尋ねる必要がある。もちろん正確を期すためだが，答えてもらえなかったことも，他の人が教えてくれたり，裏事情を教えてくれたりするかもしれない。また同じことでも，立場が違う人がどう見ているのかも重要で，多面的な調査が可能になる。

具体例に注目

調査者の側の当たり前で判断してしまうと，インフォーマントの考えているものと相違してしまうことがあるから，とにかく具体的に教えてもらうことが重要。たとえば，インフォーマントの話には「昔」という言葉はよく登場する。しかし昔という表現は，人によって，とりわけ世代によって大いに異なる。80歳台のインフォーマントなら戦前，40歳台なら1970年代かもしれない。また親戚といっても地域によって，家庭によって範囲は異なるし，異文化ならばなおさらで，日本のオジとアメリカのuncleは指すものも，権利義務の関係も違う。子ども，青年などといわれても，そもそも人をどう分類しているかは，文化によって異なる。とにかくどういう関係の人か，具体的に聞くしかないし，その文化ではどのように分類されているかということ自体が，重要な情報となる。

ともかくいつ，どこで，誰がと，固有名詞が出てくる具体例を教えてもらうことが重要なのである。

> **なぜ座順にこだわるのか**
>
> 　記念式典から宴会まで，誰がどこに座るかは重大事で，譲り合っていつまでも席が決まらない，などという光景をしばしば見ることがある。これは儀礼時の座順は，その社会の序列を目に見える形で表現し，メンバーに確認させ，秩序を維持する，という意味があるためで，当事者にはもちろん，その社会の仕組みを見きわめたい調査者にとってもきわめて重要な情報だ。
>
> 　この尋ね方も具体例が重要で，親族の集まりでは本家の主人が上座に座る，という建前が返ってきて，それでこの社会は家格という原理によって序列が作られていると決めてしまってはいけない。お宅の場合なら，と具体的に名前をあげてもらって尋ねてみる。すると逆転している例があるかもしれない。尋ねてみれば，分家の主人が本家の主人よりも20歳も年長だからだとか，本家の主人がまだ20歳台だから，といった答えが返ってくるかもしれない。分家の主人が市会議員だったらとか，本家が経済的に没落，他方分家が事業に成功して富裕だったら，といった架空の状況を想定した具体的質問も役に立つ。こうして初めて，年齢，家格，経済といった原理が並存し，使い分けられていることがわかってくるし，その使い分けからその社会の価値観が見えてくる。

例外に注目

　ある場合に建前としてはどのようにする，ということが決まっていても，個別の事情が無数の応用問題を作り出すから，実際にはその通りに行われるとは限らない。また人のすることには，常に例外的事例が存在する。それらは例外的であり，規則からはずれたものだからどうでもよいのではなく，それが現実の姿なのだし，むしろそうしたものに人々がどう対応しているかを観察することによって，人々の価値観が見えてくる。したがって，建前，決まりだけを聞くのではなく，とりわけ逸脱例を尋ねる必要がある。

　さらに忘れがちなのが，何は存在しないかの確認。存在しないから，誰も知らないからどうでもよいのではなく，存在しないこと，誰も知らないこと自体が重要な情報，という場合も多い。

聞き上手に徹する

　調査者はあまりしゃべってはいけない。それは一つには，上のような理由で，

インフォーマントに話してもらう時間を最大限に取らなければならないし，次々質問を考えながら聞かなければならないからである。

　加えて調査者はあくまで現地の人々から教えてもらうのであり，それについて，どうするべきだ，といったコメントをする立場ではない。それに調査者が一定の立場を明確にしてしまえば，人々は初めから調査者をある枠組みの中の人ととらえ，話してくれる内容があらかじめ選択されてしまうようになる。これではあらゆる情報を集めるという目標を達することができなくなってしまう。

5　記録魔，収集魔になる

フィールドノートに何でも記録

　話を聞いたら記録しておく必要がある。記憶など当てにならないから，あくまで記憶より記録。この記録を記しておくのがフィールドノートで，見たこと，聞いたこと，感じたことなど詳細に記録する。それゆえ調査者にとって，命の次に大事。これをなくしたら何のためにはるばるやってきて，苦労したのかわからなくなる。

　フィールドノートには文字どおりあらゆることを記録する。場所，時間，天候などは無論のこと，インフォーマントの家を訪ねる前に，農家なら庭先にどんな野菜が植えられていたか，洗濯物がどんな干され方をしていたか，なども記録する。座った後も，間取り，誰がどこに座ったか，土産をどこにしまったか，お茶を出してくれた場合は，どこに置かれたか，などなど，話の内容以外にも，あらゆることを詳細に記録しておく。

言葉通りに記録

　インフォーマントが話してくれた言葉は文字通りそのまま記録する。くしゃみをしたら「ハクション」と書く位のつもりで書かねばならない。それはフィールドワークでは，個別の問題も全体の中でとらえていこうとするため，可能な限り多くの細々した情報も収集しなければならないからだ。さらには，人と

いうものは，なんでも「はい」，「いいえ」で答えられるほど単純な生き物ではなく，そうした複雑怪奇な人と，その人が作った文化，社会を理解しようとするのだから，当然微妙なニュアンスにまでこだわる必要があるのだ。「えーと，どうでしたかね，うん，ありましたね」というのと，「ありました」とではまったく異なる。それを単に「あった」とだけしか記録しなかったら意味をなさない。ニュアンスがわかるように記録するためには，言葉通りに記録しておかなければならない。それゆえ調査者にとって，速く書けることは重要な能力ということになる。

情報の価値判断をしない

　重要でない，関係ない，などと思われる話でも，必ず記録する。それはあくまでその時点での調査者の判断であり，後で分析するうちに，実は重要な情報とわかるかもしれないし，思わぬことと関係が出てくるかも知れない。要点だけをメモしたり，要約してしまうのも同様にだめで，要点だと思ったのも，その時点の調査者の価値判断にすぎない。

　重要なのはインフォーマントの側の価値判断であり，それゆえに，あらゆる情報の，言葉通りの記録が必要になるのである。

質問や状況も記録

　記録しておくのはインフォーマントの言葉だけではない。質問のしかたによって，インフォーマントの答えは影響を受ける場合もあるから，どういう文脈でどういう質問をした結果としての答えなのかが記録されていないといけない。また，インフォーマントが次の仕事が迫って忙しそうな時だったのか，のんびりくつろいでいた時なのか，立ち話だったのか，こたつに入りながらだったのか，そうした状況も，ある答えが出てきた背景として重要な情報である。

　さらには，インターフォン，チャイムを鳴らしたときの反応，玄関のドア越しで終わってしまったのか，玄関まで入れてくれたが部屋に上がらせてもらえず，玄関に腰をおろして話を聞いたのか，居間に通されたのか，といった応対

第17章 フィールドワークのテクニック

も重要な情報となる。またお茶を出してくれた，食事を出してくれた，といった対応も，提供してもらった情報がどのくらい精度の高い情報かを判定するにも有効な情報で，たとえば酒まで出されたような場合は，とりわけ良い情報を提供してもらっているといえよう。

フィールドダイアリーを書く

　フィールドでは毎日，その日に見たこと，聞いたこと，感じたこと，驚いたこと，腹が立ったことなど，あらゆることを日記風に記録しておく。後でフィールドノートを見て不備だった部分を，記憶をたどって補足するのに役に立つだけでなく，そのときは重要と思わなかった情報が後で必要になったり，思わぬこととの関連に気づいたりすることも多いからである。

好奇心の塊になる

　情報はインタビューだけで収集するわけではない。行けるところはどこにでも行ってみる，見られるものは何でも見てみる，やってみられることは何でもやってみるというように，あらゆる機会をとらえなければならない。道を歩いている時も，バスに乗っている時も，目に入るもの，耳に聞こえてくるもの，あらゆるものに関心を持って，貪欲に収集しなければならない。役所でもらえる資料などは当然として，地方新聞，回覧板，掲示板から，折り込み，街頭配布のチラシ，看板，飲食店のメニュー，箸袋に至るまで，何でも読んでみる，聞いてみる，集めてみる。掲示板からは町内の団体やその活動状況が，チラシやスーパーの食品売り場からは食生活が見える。バス車中の世間話から，縁談，離婚の具体例がわかったりするかもしれない。

　大森貝塚の発見者として知られるエドワード・モースが日本で収集したコレクションには，履き潰した下駄など，日本人なら決して残そうと思わなかったものが大量に含まれ，現在では貴重な資料となっている。現代のゴミも100年後には博物館の資料，1000年後には考古学者が血眼で探す宝物になる。フィールドの情報も同じなのである。

6 フィールドワークは人と人の関係から

ラポールの重要性

　ラポール（rapport）はフランス語で，親しい，信頼し合う間柄のこと。フィールドワークの成否は，すべてこのラポールにかかっている，といっても過言ではない。フィールドワークでは，生活の細々したこと，プライバシーにかかわること，そして本音を教えてもらわなければならない。いつまでもよそよそしいまま，まったくのお客様では，なかなか教えてもらえないし，まして疎まれ，嫌われたのでは，話にならない。結局，調査者がインフォーマントから信頼され，どの程度親しい間柄になれるかが，成否を分けるポイントとなるのは当然のことだろう。

調査されているのは実は調査者

　調査者は調査しているつもりでいても，実はインフォーマントは調査者をしっかり見きわめている。なにしろどこの誰とも知れない人に調査されるのだから，当然警戒心を持って観察する。もしかしたら税務署の隠密調査かもしれない，などと勘ぐる人までいる。ちゃんとした調査だとわかっても，さらに相手がどのような態度で調査に臨んでいるかを見きわめる。誠意のない態度だと思えば，自分もそんなに誠意をもって応対する必要はないと考えるのは当然のこと。結局調査などといいながら，調査されているのは調査者自身であり，フィールドワークは調査者にとって，自らを映す鏡であるともいえよう。

＊情報源＊

R. エマーソン，R. フレッツ，L. ショウ，2000，『方法としてのフィールドノート　現地取材から物語作成まで』佐藤郁哉・好井裕明・山田富秋訳，新曜社

祖父江孝男，1972，『アラスカ・エスキモー』社会思想社

畑中幸子，1974，『南太平洋の環礁にて』岩波書店

米山俊直，1977，『ザイール・ノート　アフリカ——町と村と人々と』サンケイ出版

第17章　フィールドワークのテクニック

大森貝塚遺跡庭園
　東京都品川区大井6丁目21
「大森貝墟」碑
　東京都大田区山王1丁目3
Peabody Essex Museum（モース・コレクション）
　East India Square, Salem, Massachusetts, USA
　http://www.pem.org/index.html

〈著者紹介〉
斗鬼　正一（とき　まさかず）
　1950（昭和25）年，鎌倉生まれ。
　横浜翠嵐高校，明治大学卒。明治大学大学院修士課程，博士後期課程を経て，江戸川女子短期大学講師，江戸川大学専任講師。
　現在，江戸川大学社会学部現代社会学科文化人類学・民俗学コース教授，明治大学大学院・文学部講師。文化人類学，異文化コミュニケーション，多文化理解，フィールドワーク論担当。
　　香港，ソウル，クライストチャーチ，ヤップ島，東京，京都，大阪など，フィールドワークを武器に，美人を美しいと思うわけから，猫の声がニャーと聞こえるわけまで，「常識」「当たり前」に挑戦，「人・世の中・自分という人類最大の謎」の探求をめざす。真の学問＝「楽問」と，楽しむ力＝「楽力」の大切さを伝える講義では，クリエイティブなものの見方，考え方，発想力を持ち，激動の時代に対応できる「やわらかあたま」の「真の国際人」を養成。「世界一受けたい授業」などメディアでも活躍中。
　著書・論文
　『頭が良くなる文化人類学「人・社会・自分」──人類最大の謎を探検する』光文社，2014年，『こっそり教える「世界の非常識」184』講談社，2007年，「鉄道という異文化と日本」2004年，「江戸・東京と水辺の遊興空間」2003年，「江戸・東京と富士山」2002年，「香港の都市空間と自然──食文化の事例から」1994年，他

　　http://www1.edogawa-u.ac.jp/~tokim/

MINERVA TEXT LIBRARY ㉗
目からウロコの文化人類学入門
──人間探検ガイドブック──

| 2003年4月10日 | 初版第1刷発行 |
| 2019年2月20日 | 初版第18刷発行 |

〈検印省略〉

定価はカバーに
表示しています

著　者	斗　鬼　正　一
発行者	杉　田　啓　三
印刷者	江　戸　孝　典

発行所　株式会社　ミネルヴァ書房
607-8494 京都市山科区日ノ岡堤谷町1
電話代表 (075)581-5191
振替口座 01020-0-8076

© 斗鬼正一，2003　　　共同印刷工業・藤沢製本

ISBN978-4-623-03726-1
Printed in Japan

[新版] 新しい世紀の社会学中辞典
——N. アバークロンビー／S. ヒル／B. S. ターナー著　丸山哲央監訳・編集

ペンギン・ブックス『社会学辞典』(2000年版)の日本語版。伝統的なヨーロッパ社会学を基礎として，現代社会における様々な現象や徴候を分析，21世紀にむけた欧米社会学の全容を紹介する。

はじめて学ぶ民俗学
——市川秀之／中野紀和／篠原　徹／常光　徹／福田アジオ編著

「民俗学って何だろう？」という初学者のために，これから民俗学を学び始める大学生アイを主人公にした物語に沿って，テーマごとに民俗学の基本や考え方を丁寧に解説。「あたりまえ」と思っている日々の生活を，民俗という新たな視点でとらえ直すきっかけを提供する。民俗学を身近なものとしてとらえ，おもしろさを感じながら学べる入門書。

フィールドワーク探求術――気づきのプロセス，伝えるチカラ
——西川麦子著

「？」を感じたら，外へ出て調べてみよう，人に会って話を聞こう――。読者が，自分の問題意識に気づき，思考を開始し，現場へと踏み出すというフィールドワークを行う上でのステップとなる一冊。

質的調査法入門
——S. B. メリアム著　堀　薫夫／久保田真人／成島美弥訳

●サンプルの選択から，データの収集・分析の技法，妥当性・信頼性と倫理の問題，調査結果の報告作成まで，一連の流れを詳しく解説した欧米で定評のある体系的テキスト。質的調査をケーススタディの適用に結びつけて，実用的側面に焦点を当てた。

調査研究法ガイドブック――教育における調査のデザインと実施・報告
——S. B. メリアム・E. L. シンプソン著　堀　薫夫監訳

●好評の『質的調査法入門』(2004)の同じ著者による調査・研究法の入門書。質的調査法のみならず，実験法や哲学的調査法・歴史的調査法なども取り込み，調査の企画・デザインから文献のレビューや論文執筆までの手順をわかりやすく示した。

――ミネルヴァ書房――

http://www.minervashobo.co.jp/